Trolli's Abenteuergeschichten - weitere Geschichten aus dem Bergischen Land

Ein wissenswertes Vorlesebuch für kleine und große Kinder

Von Jenny Kollenberg

Herausgeber: Thomas Halbach
Texte: Jenny Kollenberg
ISBN: 3-9809033-1-1
Verlag: rga.Fachbuch, RS Gesellschaft für Informationstechnik
GmbH & Co. KG, Remscheid
Gestaltung: www.deep-indigo.de

Vorwort

Mit einem Troll befreundet zu sein ist spannend. Das kann ich Euch sagen! Ihr kennt ja mein Buch „Trolli und seine Freunde". Was die lustige Gesellschaft inzwischen alles erlebte, werde ich Euch erzählen.

Dabei stelle ich Euch wieder einen Teil unserer schönen Heimat vor. Vielleicht besucht Ihr mit Eurer Familie oder auch mit der Schule, den einen oder anderen Ort. Das Bergische Land ist so schön, man braucht nur Augen und Ohren offen halten und aufpassen. Am meisten erlebt man als Wanderer oder Radfahrer. Aber das wißt Ihr ja alle.

Die Idee, ein zweites Buch über Trolli zu schreiben, hatte übrigens der Schüler Maurits aus Wipperfürth. Er besucht dort das St. Angela-Gymnasium und war als Zuhörer bei meiner ersten Lesung aus dem noch nicht fertigen Buch im Advent 2003 dabei.

Als ich am Tag danach nochmals vorlas, überraschte er mich mit einer Geschichte, die er sich selbst ausgedacht hatte und meinte, ich würde doch eine Fortsetzung schreiben. Er schrieb die erste Geschichte meines neuen Buches: „Trolli der Bootsmann".

Viel Spaß beim (vor)lesen wünscht Euch Eure

Jenny Kollenberg, Niederwipper / Wipperfürth im März 2005

Trolli der Bootsmann

Es war ein regnerischer Tag im Herbst. Mein Bruder und ich waren an der Wupper. Die Wupper war, durch den vielen Regen, zu einem riesigen See geworden. Plötzlich sah ich ein Boot mitten auf dem „See" mit einer kleinen Gestalt darauf.

Ich hangelte mich an dem halb versunkenen Zaun entlang. Da sah ich die Gestalt erst richtig, sie sah aus wie ein Troll. Da erkannte ich, daß es mein Freund Trolli war, der mit dem kleinen Boot herum schipperte.

Plötzlich guckte er mich an und sagte: „Komm auf's Schiff und fahr mit mir auf dem See herum."

„OK", sagte ich und stieg in das Boot ein.

Wir schipperten gerade unter dem Zaun durch, da tauchte ein riesiger Krebs vor uns auf. Trolli riß das Steuerrad zur Seite weg, um dem Ungeheuer zu entweichen. Der Krebs schwamm hinter uns her.

Trolli, der geborene Bootsmann, wich den Scheren des Krebses geschickt aus, aber der Krebs schnitt uns ständig den Weg zum Ufer ab.

„Die Rettung eilt!", schallte es von oben herab. Trolli und ich schauten hoch und sahen voller Staunen unseren Freund, den Zauberer. Er verzauberte den Krebs in einen harmlosen Fisch.

Endlich konnten Trolli, der Zauberer und ich zum Ufer gelangen und befreit aufatmen. Am Ufer erwartete mich mein Bruder aufgeregt, er hatte alles beobachtet.

Zuhause glaubte uns natürlich keiner dieses Abenteuer.

Wie findet Ihr die Geschichte von Maurits? Ich wurde dadurch tatsächlich zum Schreiben angeregt. Nun wünsche ich Euch viel Spaß beim Lesen und Miterleben.

Eine Reise zum Mars?

Der Zauberer gähnte, streckte und reckte sich und strich seinen langen braunen Zaubermantel glatt. Vor dem Fernseher saßen die Kinder, denen der Zauberer heimlich gefolgt war. Ihn interessierte es, was da aus dem komischen Kasten an Bildern herauskam. So ein Ding hatte er noch nie gesehen. Eben wurde darüber berichtet, daß die Marssonde planmäßig gelandet sei. Der Zauberer stellte seine Ohren hoch, um alles verstehen zu können. Er war ganz aufgeregt.

Da erklärte Jonas eben seinen Freunden: „Ich lese Euch gleich nach der Sendung etwas aus der Zeitung vor, da werdet Ihr staunen." Als der Fernseher ausgeschaltet wurde, erinnerte Yannick seinen Bruder an dessen Versprechen.

Jonas las vor: „Hauchdünne Kupferdrähte aus Oberberg steuern den Mars-Roboter. Ich bin schon da, hätte die europäische Beagle2 piepsen können, wenn sie denn ein Igel und kein verschollener Mars-Roboter wäre. Dafür erhält jetzt die stolze amerikanische NASA von ihrem Hasen, der anderthalb Wochen später als die Beagle2 gelandeten Spirit, die brillantesten Panoramafotos von der wüsten Oberfläche des roten Planeten."

Nachbar Uwe klingelte an der Haustür. Julian öffnete ihm und lud Uwe ein, mit ins Wohnzimmer zu seinen Freunden zu kommen.

Uwe hielt drei Fotos in der Hand und berichtete: „Die habe ich eben aus dem Internet erhalten. Die ersten Bilder vom Mars." Interessiert sahen sich die Jungs die Fotos an und fragten, ob sie diese am nächsten Tag mit zur Schule nehmen dürften. Uwe nickte wohlwollend und setzte sich zu seinen kleinen Freunden. „Mensch Uwe, das ist sensationell! Danke! Wir sind in unserer Klasse bestimmt die ersten mit solchen Aufnahmen."

Jonas berichtete von dem Zeitungsartikel und fuhr fort: „Hier steht: Mit der Spirit ist auch ein Stück Oberberg auf dem Mars unterwegs, wie schon bei der Pathfinder-Mission vor gut sechs Jahren. Ohne den feinen Kupferlackdraht der Elektrisola würde sich auch die Spirit keinen Millimeter weit auf der Mars-Oberfläche bewegen können."

„Die insgesamt 39 Motoren, die für die Funktionen der Spirit und ihrer Schwestersonde Opportunity zuständig sind, arbeiten mit Draht aus dem Hause des Eckenhagener Familienunternehmens, das auf dem Weltmarkt führend für diese speziellen Produkte ist."

„Elektrisola entwickelt, produziert und vertreibt weltweit Kupferlackdrähte, die bis zu einem hundertstel Millimeter dünn sein können. Dagegen muten die Drähte in den Mars-Robotern mit acht bis neun hundertstel Millimetern Stärke schon fast an wie Stahlseile."
„Phh, das ist ja`n Ding. Ich spreche darüber mit unserem Lehrer, davon muß ich mehr wissen", warf Yannick ein. „Prima, daß wir Oberberger nun schon bis zum Mars bekannt sind!"

Die Mutter hatte die ganze Zeit über still die Berichte und Gespräche verfolgt. Sie strickte an einer Jacke für Lena, die an diesem Tag wie meistens bei ihrer Freundin Frederike zu Besuch war. Nun fragte sie leise: „Habt Ihr eine Ahnung, was wohl das ganze Mars-Unternehmen kosten mag? Es muß doch wahnsinnig teuer sein…"

„Mama, das steht hier als Abschluß in der Zeitung. Hört gut zu: Schließlich verschlingt das aktuelle Mars-Projekt 820 Millionen US-Dollar, das sind rund 656 Millionen Euro, die ESA kommt auf 330 Millionen Euro."

Da schüttelte der alte Zauberer seinen grauen Kopf und verließ unauffällig das Haus. Er sprach mit sich selbst: „Von Dollars habe ich mal gehört. Damit bezahlen die Menschen irgendwo in einem fremden Land alles, was sie sich kaufen. Was Euro bedeutet, weiß ich nicht. Vielleicht sind das Tiere oder eine neue Obstsorte zum Eintauschen? Da war auch die Rede von ganz vielen Millionen. Soweit kann ich nicht zählen, aber es muß ganz viel sein."

Er lachte leise vor sich hin und brummte: „Dabei ist es doch so einfach, auf den Mars zu kommen. Heute bin ich zu müde. Aber morgen, wenn ich ausgeschlafen habe, fliege ich mal eben zum Mars. Ich muß dafür nur einfach an meinem Zauberstab drehen, das geht doch ohne Dollars und diese komischen anderen Millionen. Da hat früher jemand erzählt, auf dem Mars lebten grüne Männchen. Die werde ich mir ansehen. Aber jetzt muß ich endlich schlafen… Uahh…"

Im Traum half der Zauberer, das Marsfahrzeug voranzufahren. Er drehte auch an der Antenne, so daß die Menschen auf der Erde nun wunderschöne Bilder vom Mars anschauen konnten.
Auch Trolli hatte die Berichte gesehen und gelesen. Er unterhielt sich mit dem Roten Hans darüber: „Diese Menschen sind schon ein seltsames Volk. Überall wird geklagt, daß sie sparen müssen. Geld fehlt an allen Stellen, ob Dollars oder Euros. Sie klagen, daß der Euro noch schneller ausgegeben ist als der Dollar oder die alte deutsche Mark. Und dann geben sie soviel aus für den Weltraum."

„Trolli, das verstehst Du nicht. Dazu bist Du schon zu alt. Den Menschen wird die gute alte Erde zu klein. Das muß sein! Wenn eines Tages die Kriege immer schrecklicher werden, dann fliegt man eben zum Mars."

„Das glaubst Du doch selber nicht, Hans. Du weißt doch, daß auf dem Mars kein Mensch überleben kann. Oder wolltest Du etwa dahin? Überhaupt wäre es doch viel einfacher, wenn die Menschen gar keine Kriege mehr führen würden. Krieg ist doch so schrecklich, egal wer ihn führt, gewinnt oder verliert!"

Hans nickte so fest, daß die dicke Bommel an seiner Mütze einen Kreis beschrieb. „Mein lieber Trollibruder, Du hast ganz Recht. Krieg sollte es nie wieder geben. Und ich bin auch dafür, daß wir hier in unserer schönen Bergischen Heimat bleiben."

„Gut, dann sind wir uns ja wieder einig.

„Hans, weißt Du eigentlich, woher das Bergische Land seinen Namen hat?"

„Ist doch klar, wegen unserer Berge."

„Stimmt nicht, Hans. Früher gab es die Grafen von Berg, daher stammt der Name. Aber das haben viele Menschen vergessen. Wer Schloß Burg an der Wupper besucht, der erfährt Genaues über die Geschichte der Grafen von Berg. Am berühmtesten wurde Engelbert von Berg."
„Trolli, der steht doch in Wipperfürth. Den habe ich schon gesehen, und auch ein Gymnasium heißt dort so."
Die beiden Freunde erzählten einander vieles und planten, in Heimatbüchern noch mehr über die Geschichte des Bergischen Landes zu erfahren.

„Dafür sind ja schließlich die Bücher geschrieben worden. Wie gut, daß es bei uns kein Fernsehen gibt. Die armen Menschen sitzen so viele Stunden vor der Kiste, bis denen der Kopf brummt."

„Ja, wenn man ihre geröteten Augen sieht. Und sie haben kaum noch Zeit; und die verlernen ja fast das Denken. Trolli, sehen die überhaupt noch, was hier draußen wächst, blüht und geschieht?"

„Ach Hans, die Menschen sind zum Glück nicht alle gleich. Sie haben sich so vieles angeschafft, nun müssen sie lernen, damit umzugehen. Und dazu gehört auch, verzichten zu lernen. Das fällt den meisten Menschen sehr schwer."

„Auf jeden Fall müssen wir nicht zum Mars. Wir können ja immer mal heimlich das Fernsehen anschauen, wie die Expedition weitergeht. Neugierig bin ich schon."

„Gemacht, mein lieber Hans. Und immer so nebenher werden wir weiter fest mit unseren Füßen hier auf der Erde bleiben. Ich denke, es gibt hier noch genug zu erforschen. Laß uns morgen wie abgesprochen mit unseren Freunden auf dem Unnenberg zusammenkommen. Da wird es sicher viel zu erzählen geben. Und im neuen Jahr möchte ich gern eine Reise nach Kupferberg unternehmen. Das liegt bei Wipperfürth. Mehr verrate ich heute nicht."

Auf dem Unnenberg

Es war am Sylvestertag. Trolli und seine Freunde trafen sich auf dem Unnenberg. Der rote Hans hatte sie alle eingeladen: Den Trolli und den Zauberer, die kleine Rosi und die Oma, die Schneekönigin und den Nicco, die schwarze Deborah mit der Schlange und den Räuber.

„Wo sind denn der Wirt und seine Frau?", fragte Trolli, als sie in die leere Gaststätte am Aussichtsturm kamen. „Hier steht doch ein Schild an der Tür, daß der Betrieb geschlossen ist. Das dürfen wir doch nicht."

„Oh doch, wir dürfen. Der Wirt ist mit seiner Frau in den Süden geflogen, und ich verwahre sein Haus, bis die beiden zurückkehren", antwortete der Rote Hans und lud alle hinein.

„Zum Dank werden wir morgen einen Hausputz veranstalten. Alles muß blitzeblank werden. Das habe ich mir als Überraschung vorgenommen. Ihr helft mir doch alle?"

„Aber natürlich, ist doch Ehrensache! Ich werde in den Holzschuppen gehen und einen dicken Haufen Brennholz klein machen und beim Kachelofen auch einen Berg aufstapeln", versprach der Zauberer.

„Ich werde Frau Holle bitten, ihre Betten kräftig zu schütteln. Dann gibt es für die Winterferien doch noch Schnee. Die Kinder möchten gern ihre Schlitten und die Skier ausprobieren. Und an die Fenster male ich Eisblumen. Dann freuen sich die Wanderer, wenn sie hier heraufkommen", rief die Schneekönigin.

Trolli kehrte die Steinplatten vor der Tür sauber und bat alle, ihre Schuhe gut abzutreten, bevor sie ins Haus gingen.

„In den Süden geflogen, wie die Zugvögel, haha," lachte der Zauberer und stellte seinen Zauberstab in eine dunkle Ecke.

„Ja, der Wirt meinte, hier auf seinem Unnenberg wäre es meistens doch recht kalt, da wollten er und seine Frau wenigstens einmal im Jahr in der warmen Sonne liegen und sich richtig ausruhen, bevor bald wieder hier die Arbeit beginnt."

Die Oma nahm Klein-Rosa mit in die Küche. Zusammen bereiteten sie ein Abendessen vor. In ihrem großen Henkelkorb stand eine Schüssel mit Kartoffelsalat, so gut wie ihn nur die Oma machen konnte. Ein Paket mit selbstgebackenen Plätzchen stand neben den Dosen mit Wurst und dem Schinken. Auch ein Glas mit sauren Gurken packte die Oma aus.

Rosa deckte den Tisch in der Gästestube. Es duftete so verlockend, daß der Zauberer kaum abwarten konnte, bis alle um den großen Tisch saßen.

„Bei unserem Bauern hatte ich extra für heute frische Wurst bestellt. Vor Weihnachten wurden dort zwei Schweine geschlachtet. Laßt es Euch gut schmecken, so etwas Gutes gibt es nicht alle Tage. Und die Butter ist auch frisch vom Bauernhof", erklärte die Oma.

„Wer hat denn den leckeren Tee gekocht?", fragte Trolli und ließ sich seine Tasse zum sechsten Mal füllen.

„Der Tee ist gut, was? Ich habe in meinem Garten Pfefferminze, Kamille und Zitronenmelisse. Davon koche ich im Sommer und im Herbst frischen Tee, und für den Winter wird immer einiges getrocknet. Auch gewaschene Apfelschalen lasse ich am Kachelofen trocknen für den Tee. Und dann sammle ich Hagebutten und Holunder, auch davon ist ein bißchen in der Teekanne. Trinkt nur tüchtig davon, das ist auch gut gegen Erkältung!", lachte Klein-Rosa und goß alle Tassen wieder voll.

Der Räuber reichte einen Topf mit Honig herum und gestand: „Den Honig mußte ich leider klauen. Die Bienen wollten ihn nicht hergeben. Ich wartete, bis sie schliefen und machte mich dann an die Waben. Dabei erwachten ein paar von den Biestern und stachen mich. Dieser Honig ist besonders wertvoll!"

„Räuber, Räuber, daß Du das Stehlen nicht lassen kannst!! Eines Tages wirst Du noch im Gefängnis oder auf einer Verbrecherinsel enden", mahnte mit erhobenem Zeigefinger die Oma.

„War auch das letzte Mal. Ab morgen werde ich nur noch ehrliche Arbeit suchen. Das ist mein Vorsatz für das neue Jahr, ehrlich!"

Trolli mußte lachen und meinte: „Den Spruch hörte ich doch von Dir schon öfter. Du mußt auch halten, was Du versprichst."

Da kam die Schneekönigin mit einem großen Eiskristallteller und rief: „Nachher essen wir meine Neujährchen[1]. Die habe ich heute gebacken. Sie sollen uns Glück bringen. Zauberer, beherrsche Dich, erst nach Mitternacht werden die Neujährchen gegessen!"

Obwohl eigentlich alle Bäuche gefüllt waren, hatten Trolli und seine Freunde nun schon wieder Hunger. Da sagte Nicco, der Kaninchen-

---

[1] *Runde Plätzchen aus süßem Hefeteig, gedreht oder geflochten*

könig: „Wißt Ihr was? Wer warten muß, soll abgelenkt werden. Ich habe einen Vorschlag, damit die Zeit schneller vergeht. Jeder von uns soll sagen, was er im neuen Jahr besser machen will. Ich beginne damit. Also: Ich will keine Möhren und Kohlräbchen mehr in Rosas Garten naschen."

Rosa sagte: „Ich will mit dafür sorgen, daß mein Indisches Springkraut nicht alle anderen Pflanzen verdrängt. Ich werde davon keinen Samen mehr aussäen. Die Pflanzen vermehren sich nun alleine."

Der Zauberer kratzte sich hinter seinen großen Ohren und knurrte: „Bei Julian im Fernsehen beobachtete ich, wie die Flugmaschine zum Mars unterwegs war. Die Menschen können ja schon viel, aber alles erreichen sie doch nicht. Ich will im neuen Jahr zum Mars fliegen und dort die Antenne gerade stellen. Dann können die Marsmenschen zur Erde funken."

„Alle Achtung!", lachte der rote Hans, „du hast ja gewaltige Pläne. Ob Dir das gelingt? Wenn ich darüber nachdenke, dann weiß ich gar nicht, was ich…"
Da rief Trolli dazwischen: „Los, wir müssen auf den Turm, gleich beginnt das neue Jahr. Es ist zehn vor zwölf. Zieht Euch warm an, und dann kommt mit!"

Waren es die Müllenbacher Glocken, oder die aus Gummersbach oder Bergneustadt oder aus Westfalen, die zuerst läuteten?

Still standen die Freunde, eng aneinander geschmiegt und lauschten dem wunderschönen Glockenklang ringsum. Und nun stiegen plötzlich bunte Leuchtraketen zum Himmel. Das zischte, krachte, blitzte und glühte und sprühte weiß und bunt. Ein prächtiges Bild über dem Bergischen Land und dem angrenzenden Westfalen.

Die Freunde jubelten, machten einander immer wieder auf besondere Feuerwerksbilder aufmerksam und glaubten bis in die Eifel und weit rheinauf- und abwärts sehen zu können.

Und nun vernahmen sie ein Lied: ein einsamer Trompeter blies die Melodie „Lobe den Herren, den mächtigen König der Ehren". Noch ein paar andere bekannte Lieder, ja sogar Weihnachtslieder, sendete der Unbekannte in das neue Jahr hinein.

Ringsum hörte man ein „Frohes Neues Jahr 2004!" Das wünschten sich auch unsere kleinen Freunde. Glücklich stiegen sie die vielen Stufen des Turmes hinab.

„Wie hoch ist der Unnenberg eigentlich?", wollte der Zauberer wissen. „506 Meter. Das wissen doch schon die Schulkinder", erklärte Deborah und streichelte ihre Schlange, die sich wärmend um ihren Hals legte.

„Poh, tut das gut, wieder in der warmen Stube zu sein! Ich lege gleich noch ein paar Knippen[2] auf das Feuer, damit es schön warm bleibt", sagte der Zauberer und rieb sich seine kaltgewordenen Hände. Er zog seinen Mantel aus und machte sich am Kamin zu schaffen. Bald prasselten und loderten die Flammen wieder wie zuvor.

„Ja, um diese Jahreszeit braucht man ein warmes Zuhause. Aber es war doch auch wunderschön, auf den Turm zu steigen. Wer kann schon so wie wir das neue Jahr beginnen? Und dann dazu der weite Sternenhimmel", schwärmte die Schneekönigin.

„Da stimme ich Dir zu, wenn es nur nicht so schlimme kalte Finger dabei gäbe. Das tut so weh", klagte der Zauberer und rieb sich die rotgefrorenen Hände stöhnend.

„Selber schuld. Warum trägst Du die Muffen[3] nicht, die Jenny für alle gestrickt hat? Wir anderen haben sie alle angezogen. Beim nächsten Marsch durch die Kälte denke dran, Du hast doch extra große Muffen bekommen", lachte Trolli den großen Zauberer aus und zupfte ihn an seinem Bart.

[2] *Feuerholz,* [3] *Pulswärmer*

Ein munteres Erzählen begann in der Runde der Freunde. Jeder berichtete, was sich im letzten Jahr alles zugetragen hatte. Da gab es Trauriges und Fröhliches, kleine und große Erlebnisse.
„Wir bemerkten, daß Jenny weinte und so verzweifelt war. Ihr neues Buch über uns sollte doch vor Weihnachten fertig sein", sagte Trolli.

„Ja, und sie wollte mit dem Geld für die verkauften Bücher kranken Kindern helfen", wußte der Rote Hans.

„Da hatten wir eine Idee. Als Jenny vorlesen sollte und diese Lesungen absagen wollte weil sie keine Bücher bekam, besuchten wir sie. Wir boten Jenny an, sie sollte uns einfach mitnehmen. Und so erzählten wir den Zuhörern alles über uns, nein, alles nicht, aber so ein bißchen, was wir tun und wo wir leben", sagte Trolli und lachte.

„Und da war es oft, als hätte Jenny die großen und die kleinen Menschen verzaubert, natürlich mit unserer Hilfe", erklärte Trolli.

„Eines Tages rief ein Reporter an, ob er uns besuchen könne. Darüber freuten wir uns und hatten im Nu das Wohnzimmer aufgeräumt. Überall brannten Kerzen, wir stellten Plätzchen auf den Tisch und heißen Tee mit Bienenhonig. Die Weihnachtspyramide mit den drei kleinen Rehen und der Futterkrippe drehte sich leise. Der Kachelofen gab sich alle Mühe, Wärme auszustrahlen", erzählte Hans.

Trolli fuhr fort: „Der Reporter brachte noch einen Fotografen mit. Die beiden jungen Männer hatten es sehr eilig, wie das immer ist bei solchen Typen. Und was glaubt Ihr? Wir haben sie verzaubert. Sie ließen sich alles gut schmecken und meinten, das sei endlich ein richtiger Adventsnachmittag gewesen."

Hans nickte und lachte: „Am schönsten war es, daß sich unsere Jenny wieder freuen konnte. Sie mußte nicht mehr weinen, daß ihre Bücher vor Weihnachten nicht fertig waren. Und als wir nach ein paar Tagen die

Zeitungen lasen, wurden wir richtig stolz. Denn da stand: „Trolli und der rote Hans sind Oberberger!"

„Sind wir ja wohl alle, das muß aber auch noch gesagt werden", kritisierte der Zauberer.

„Stimmt. Aber Ihr anderen wart ja an dem Tag nicht dabei. Doch seid nicht sauer. Ihr werdet auch noch berühmt. Wenn erst alle die Kinder und die Erwachsenen unsere Abenteuer lesen, dann seid Ihr ebenso bekannt wie wir jetzt schon", tröstete Trolli.

„Da fällt mir auch noch was ein. Als Jenny uns auf dem Wipperfürther Weihnachtsmarkt vorstellte, verlor sie ihre goldene Brosche. Das war ein Andenken an ihre Oma. Die schenkte sie nämlich Jenny zur Konfirmation."

„Oh, das war aber auch schade." „Ja, das Schmuckstück war mehr als hundert Jahre alt. Wir alle halfen suchen, aber vergebens. Doch was meint Ihr? Als Jenny am nächsten Tag wieder vorlesen mußte, erhielt sie das verlorene Teil zurück. Ein Kind hatte die Brosche gefunden und im evangelischen Gemeindehaus abgegeben. Jenny wollte sich bei dem Kind bedanken, aber niemand wußte, wer das Kind war."

Trolli kicherte und gestand: „Ich half dabei ein bißchen. Aber ich soll das Kind nicht verraten. Jenny hat versprochen: Als Dank will sie aus dem neuen Buch für alle Kinder vorlesen. Sie hofft, das Finderkind ist dann auch dabei."

Alle kleinen Freunde klatschten in die Hände und riefen: „Da wollen wir auch dabei sein!" Doch Trolli überlegte: „Ob das geht, weiß ich nicht. Jenny muß uns ja wieder zurückgeben. Ich gehöre doch dem Yannick, und Du, Hans, dem Jonas."

„Och, so wie ich Jenny kenne, nimmt sie uns bestimmt ab und zu mit. Auf jeden Fall werde ich bald wieder eine Geschichte über uns und unsere Erlebnisse schreiben."

„Das ist eine gute Idee", rief Trolli, „das versuche ich auch mal. Vielleicht gibt es demnächst ein neues Buch über uns. Und eines ist klar: Gemeinsam sind wir stärker!"

Lena und die Sternschnuppen

Der Vater holt Lena ab, weil es schon dunkel war. Im Dorf gibt es keine Straßenlampen, darum können sich Trolli und seine Freunde auch überall gut verstecken und die Menschen beobachten. Als Lena mit ihrem Vater ein Stück gegangen ist, sagt sie: „Jetzt ist es ja gar nicht mehr dunkel. Ich sehe unser Haus schon."

„Ja", sagt der Vater, „unsere Augen haben sich an die Dunkelheit gewöhnt. Gäbe es hier so wie in der Stadt überall Straßenlampen, dann würden wir auch die Sterne nicht sehen. Schau mal hoch", und der Vater hebt die kleine Lena auf den Arm. Beide bewundern sie die glitzernde Pracht am dunklen Himmel.

Plötzlich fällt eine Sternschnuppe. „Papa, was ist das denn? Ist der Stern kaputtgegangen?"

„Nein. Das ist eine Sternschnuppe. Wenn die fällt, darf man sich etwas wünschen. Aber darüber darf man mit niemandem sprechen, sonst geht der Wunsch nicht in Erfüllung."

Lena kuschelt sich an ihren Vater und schaut so lange hoch zum Himmel, bis ihr schwindelig wird.

Nachts träumt sie, ihre Oma sei gestorben. Lena weint, weil sie ihre Oma sehr lieb hat. Da fällt auf einmal eine Sternschnuppe vom Himmel. Lena wünscht sich, daß die Oma wieder lebendig sein soll. Rrrrr, rappelt da der Wecker und reißt Lena aus ihrem Traum.

Im Kindergarten ist sie heute auffallend still. Beim Mittagessen fragt sie plötzlich: „Mama, wenn Du stirbst, kommst Du dann in den Himmel?"

Ich hoffe doch, aber wie kommst Du auf solche Gedanken?"

Da erzählt Lena von ihrem Traum. Jonas und Yannick warten gespannt, was die Mutter sagen wird.

Da hören sie: „Ihr habt es ja erlebt, als der Opa so krank war und immer Schmerzen hatte. Und die Ärzte konnten nicht helfen. Da war es eine Erlösung, als der Opa gestorben ist. Er schlief und hatte keine Schmerzen mehr. Erinnert Ihr Euch?"

Die Kinder nicken, und die Jungen erzählen von der Beerdigung auf dem Friedhof. Damals hatten sie viele Tränen geweint, als der Sarg mit den schönen Blumen in das tiefe Grab gesenkt wurde.

Und sie meinen: „Lena, da warst Du noch ein Baby. Aber jetzt gehst Du doch mit, wenn wir Opas Grab mit Blumen schmücken. Und wir müssen jetzt auch nicht mehr weinen. Weißt Du auch, warum?"

Lena schüttelt den Kopf. Da erklärt die Mutter: „Es ist immer traurig, wenn jemand sterben muß. Aber wir glauben daran, daß die Seele in den Himmel fliegt und dann nahe bei Gott ist. Und wenn wir an den Opa denken, dann ist es ungefähr so, als wenn seine Seele uns besuchen käme."

Lena überlegt einen Augenblick, dann fragt sie: „Habe ich auch eine Seele?"

„Aber klar doch. Jeder Mensch hat eine Seele!", sagt Jonas. Da lacht Lena plötzlich und sagt: „Mama, ich weiß was: Wenn Du stirbst, dann warte ich, bis eine Sternschnuppe kommt. Und dann wünsche ich mir, daß Du wieder zu uns kommst."

Die Mutter drückt Lena an sich und sagt: „Wir wollen alle noch nicht sterben. Und darum heißt es jetzt: Jeder an seine Arbeit. Schulaufgaben, Zimmer aufräumen, Geschirr spülen. Wer hilft mir heute?"

Trolli und Meister Lampe

Es ist endlich wieder warm draußen. Die Schneekönigin faltet ihren weiten Nebelschleier zusammen und legt die Muster für die Eisblumen in eine Nische in der Wiehler Tropfsteinhöhle. Dort bewahrt sie alles auf bis zum nächsten Winter. Sie lobt die alte Frau Holle, daß sie im Winter fleißig ihre Betten geschüttelt hat.

Die Kinder wissen es: Dann gibt es viele Millionen Schneeflocken, die das Land verzaubern. Frau Holle und die Schneekönigin lieben die Kinder und helfen, daß an den Hängen Schlittenfahren und Skilaufen möglich wird. Sie lachen, wenn die Kinder Schnee zusammenrollen und einen dicken weißen Schneemann bauen.

Die Kinder wissen, wie man das macht und holen Kohle- oder Holzstückchen als Augen und Knöpfe und eine Möhre für die Nase. Auf den Kopf setzen sie einen alten Hut oder auch einen Eimer. Dazu erhält der weiße Mann einen großen Stock oder einen Besen. Prächtig ist er geworden, wie er im Garten steht.

Gegenüber auf dem Baum mit weißen Schneepolstern sitzt eine schwarze Amsel. Sie fragt den Neuling: „Wer bist Du denn?".

Da hoppelt ein dicker Hase herbei und setzt sich auf die Hinterpfoten. Er schnuppert in die Höhe. Nun knurrt er: „He Du großer Fremdling. Wirf mir die Möhre runter. Ich habe Hunger. Du frißt ja doch keine Möhren."

Trolli hat alles beobachtet und sich über die fleißigen Kinder gefreut. Und er kann auch den Hasen verstehen, Hunger ist schlimm.

Er sagt leise, daß sich der Hase nicht erschreckt: „He Hoppelmoppel, laß dem Schneemann seine Nase, komm mit mir, ich zeige Dir was Gutes."

Erstaunt folgt Meister Lampe, der alte Hase, dem Troll bis zu einem Komposthaufen. Dort findet er alles, was seinen Magen erfreut: Apfelschalen, Kartoffelschalen, Kohlabfälle und sogar ein Stück von einer dicken Möhre. Zufrieden knabbert er und bedankt sich bei Trolli.

„Keine Ursache, aber grüß mir den Nicco, den habe ich lange nicht mehr gesehen."

Zufrieden schaut auch der Schneemann hinter Trolli her. Als die Sonne nun scheint, freut sich der Weiße, daß er im Schatten einer großen Tanne steht. Er denkt, wenn mir die Sonne zu warm auf den Bauch scheint, werde ich vor Freude zergehen.

Und als das Tauwetter kam, wurde der gute Schneemann jeden Tag müder und etwas kleiner. Er sackte schließlich in sich zusammen und eines Tages war nichts mehr von ihm zu sehen.

Und wie ein Wunder war es: Wo er gestanden hatte, da läuteten plötzlich ganz viele kleine Schneeglöckchen! Und bald folgten die Gänseblüm-

chen und Krokusse, der gelbe Winterling und die Märzenbecher.
An den Sträuchern brachen viele tausend Knospen auf, die den Winter über geschlafen hatten.

Die Vögel meldeten sich nun wieder lauter nach der winterlich stillen Zeit und riefen: „Wir sind wieder hier! Anderswo ist es ja schon viel wärmer, aber hier ist unsere Heimat, die wir lieben. Was macht es, daß hier im Bergischen der Winter länger dauert und es mehr regnet. Das hat auch seine Vorteile. Hier treffen wir unsere alten Freunde."

Bald blühten überall in den Gärten viele bunte Frühlingsblumen. Auf den Weiden und in den Wiesen leuchteten die kleinen Gänseblümchen.

Die Oma sagte: „Nun ist die Natur von ihrem Winterschlaf erwacht. Bald werden auch die Vögel zu uns zurückkehren, die im Süden überwinterten. Ich freue mich jedes Jahr ganz besonders, wenn die Schwalben zu uns zurückkommen. Die haben früher in unserem Stall ihre Nester gehabt, als dort noch Kühe und Kälber und unser Pferd standen. Da konnte ich beim Melken und Arbeiten im Stall zusehen, wie die kleinen Schwalbenkinder gefüttert wurden und eines Tages ihre ersten Flugversuche unternahmen. Das war eine schöne Zeit, aber auch für uns Bauern ein schwerer Alltag."

Lena und Frederike hörten der Oma gern zu, wenn sie von früher erzählte. Jeder Spaziergang wurde zu einem kleinen Erlebnis.

Wasser fließt und hat viele Stimmen

Die Bäche im Bergischen Land führten Hochwasser zum Rhein und zur Sieg und nahmen gern alle Fische auf, die bergauf bis zu den Quellen hoch schwammen, um dort ihre Eier abzulegen. „Laichen" sagen die Menschen dazu.

Trolli paßte auf, daß alle Fische einen guten Laichplatz fanden. Er wußte: Das war schon immer so und die Fische finden auch in Zukunft den Weg zurück dorthin, wo ihre „Fischwiege" stand.

Die Oma ging mit Lena und Frederike spazieren, als der große Regen aufhörte. Sie zeigte den beiden kleinen Mädchen jene Stelle, an der im Frühling eine kleine Quelle sprudelte.

Trolli hatte die drei beobachtet und sich unter einem Baumstucken[4] versteckt.

Er hörte, was die Oma erzählte: „Diese Quelle gibt uns nur nach dem Winter, wenn der Schnee schmilzt oder ganz viel Regen fällt, Wasser. Schaut, wie schön klar es ist. Das kann man trinken, so sauber kommt

[4] *Baumstumpf, Stammrest eines Baums, auch Stubben genannt*

es hier aus der Erde. Bei uns im Bergischen Land gibt es unendlich viele kleine Quellen und Bäche. Die nennt man auch Siefen oder Seifen oder Born."

Frederike sagte: „Wir waren in der Kirche in Ommerborn und haben uns dort die Weihnachtskrippe angesehen."

Die Oma antwortete: „Ja, dort gibt es jedes Jahr eine schöne Krippe, und im Frühjahr auch eine Prozession. Dann ziehen viele Menschen betend zum Kalvarienberg, da stehen Kreuze, und es wird gebetet und gesungen. Aber woher mag wohl der Name Ommerborn kommen?"

Trolli war so wie auch die Mädchen gespannt, und sie erfuhren: „Ich sagte ja, daß ein Bach auch Born genannt wird, ja, und dort ist der Born an der Ommer. Vielleicht ist die Ommer eine Ammer oder Goldammer, das ist ein kleiner Vogel."

Und die Oma erzählte noch mehr, was sie in einem alten Buch über das Kloster Ommerborn gelesen hatte.

Als sie mit den Kindern wieder nach Hause ging, ließen sie kleine Holzstückchen auf dem „Kellerbach" schwimmen. Das machte Spaß, und auch Trolli freute sich daran.

„Hört Ihr auch, daß das Wasser verschiedene Stimmen hat?", fragte die Oma. Da horchten die Kinder aufmerksam und unterschieden: Rauschen, plätschern, glucksen, gurgeln, spritzen, murmeln, flüstern… (Kennst Du noch mehr Wasserstimmen?).

Frederike wußte: „Hier hört es sich genauso an, als wenn mein Papa gurgelt!"
Lena sagte nachdenklich: „Komisch, als wir in den Ferien am Meer waren, da hatte das Wasser nicht so viele Stimmen. Aber manchmal donnerte und klatschte es gewaltig, so daß wir uns gar nicht hineintrauten."

Trolli hörte aufmerksam zu. Das erinnerte ihn an seine Vorfahren, die in Skandinavien an den Fjorden lebten und die stürmische See kannten.

Die Oma sagte an einer Stelle, wo der Kellerbach ganz still war: „Hört Ihr es raunen? Das ist noch leiser als Flüstern. Wir hören es nur, wenn wir ganz leise sind. Auch im Wald ist das so. Dann hat man das Gefühl, als würde uns eine Elfe oder ein kleiner Troll begleiten."

Die Drei erreichten den kleinen Teich und beobachteten eine Forelle, die sich kaum bewegte. Da meinte Lena: „Komisch, das große Wasser sagt gar nichts. Es ist ganz still, aber so schön, wie ein Spiegel, seht mal!"

„Ja, Wasser ist auch ein Himmelsspiegel. Ihr versteht nun wohl, daß ich euch sagte, Wasser hat viele Stimmen und ist so etwas Kostbares. Ohne Wasser würde es kein Leben mehr geben."

Sie erklärte den Kindern die Bedeutung des Wassers, wie es fließt und nie ruht. Wie es mit sich zieht, trägt, vielseitiges Leben und Segen gibt, jedoch auch schrecklich zerstören kann. Wie es rauscht, läuft und eilt, und dennoch beruhigt. „Und wenn Ihr älter seid, werdet Ihr erkennen: Wasser ist wie das Leben; immer in Bewegung, alles fließt."

Lena erinnerte sich daran, daß ja auch Blut im Körper fließt, solange man lebt.

Später sagte Frederike: „Wasser kann doch auch zischen, wenn es kocht. Und brausen und tosen, das haben wir an einem Wasserfall erlebt."

„Und wenn Ihr an der See seid, und es kommt ein starker Sturm auf, dann kann Wasser sogar brüllen, und es wird mächtig und nimmt sich dann ein Stück Land einfach fort, so wie zum Beispiel die Nordsee."
„Einmal erlebte ich eine Sturmflut, so nennt man die Flut mit riesigen Wellen Da brach ein dicker Baum ab und stürzte in die Flut, weil das Wasser ständig an den Wurzeln nagte wie eine Wühlmaus. Das war

schlimm damals, als viel Land vom Wasser verschlungen wurde. Aber das passiert hier bei uns nicht. Ihr könnt ja überlegen, welches Wasser euch am liebsten ist, und welche Stimme des Wassers Euch am besten gefällt."

Frederike lachte und sagte: „Am liebsten ist mir die Stimme -Plätschern- in der Badewanne in warmem Wasser!"

Zusammen ruhten sich die Drei aus, sie saßen auf einem umgefallenen Baumstamm. Die Oma erzählte mehr von dem Wunder des Wassers und seinem oft weiten Weg von der Quelle bis zur Mündung. Auch was alles im Wasser und an seinen Rändern lebt, wächst und gedeiht. Denn auch Pflanzen lieben Wasser.

„Schaut Euch drüben die dicke gelbe Sumpfdotterblume an. Und im Sommer zeige ich Euch die gelben Schwertlilien. Und dann die rosa Kuckuckslichtnelke und viele andere, die alle nur am Wasser oder im Sumpf gedeihen. Kinder, stellt Euch vor, es gäbe kein Wasser, keinen Regen und keinen Schnee mehr!"

„Dann wäre hier eine Wüste!" rief Lena. „Und gleich fräße uns ein hungriger Löwe auf!" schrie Frederike.

Die Oma lachte, als die Mädchen sich eng an sie kuschelten. Sie sagte leise: „Da hören wir lieber noch mal zu, wie das Wasser rauscht, singt, plätschert, poltert, tost, mitreißt, vernichtet aber auch rettet, bubbelt und blubbert, wispert und gluckst, flüstert und murmelt und raunt. Kommt! Vielleicht erzählt euch das Wasser im Traum sogar auch eine Geschichte? Und zu Hause gibt es frisches Wasser, damit koche ich uns einen Tee."
„Ja, Früchtetee mit Bienenhonig. Bitte, Oma!", lachten die beiden und streichelten ihre Puppen.

Der Zaubertaler

Ein praktisches Spiel mit dem Zauberer, der sagt: "Ich schenke Dir einen Wundertaler. Was machst Du damit? Du darfst damit tun, was Du willst. Aber ich werde Dich ausfragen, und Du kannst alles antworten, nur nicht mit JA, NEIN, SCHWARZ oder WEISS.

„Und nun los: Ich schenke Dir einen Wundertaler. Was kaufst Du Dir dafür?"

Ein frohes Spiel, bei dem alle Zuhörer aufpassen, denn wer eines der vier „verbotenen Worte" sagt, muß den Wundertaler an den Fragesteller weitergeben.

Kauft Euch dafür einmal die Schlösser in Gimborn, Hückeswagen, Burg an der Wupper oder Homburg, und findet heraus, welche Schlösser es außerdem im Bergischen Land gibt! Dazu kommen noch die vielen Ruinen: in Eibach oder Biberstein und andere.

In den Ferien fahrt Ihr vielleicht einmal mit Euren Eltern oder Großeltern los auf Entdeckungstour im Bergischen Land. Ihr werdet staunen, das verspreche ich Euch. Und in Bibliotheken werdet Ihr Bücher finden, die davon erzählen, wie das früher war, zum Beispiel auch mit den Raubrittern.

Dazu der Wundertaler, da seid Ihr die Grafen und Freiherren und beherrscht das Land. Seid gute Herren!

Vielleicht kauft Ihr Euch ja auch eine Höhle, z.B. in Wiehl, in Ründeroth oder im Wald zwischen Winkel und Gimborn, oder bei Wildbergerhütte, in Crottorf oder in der Rospe oder in Kupferberg.

Oder Ihr geht mit dem Wundertaler nach Eckenhagen, in den Vogelpark, in dem man vieles entdeckt, ja sogar freilaufende Affen. Das glaubt Ihr nicht? Prüft es nach.

Mit dem Wundertaler darfst Du auch träumen, wenn Du einmal krank bist und im Bett liegen mußt. Da kannst Du Dir selbst Träume leisten.

Du hast ja den Wundertaler: Du kannst in tiefe Höhlen einfahren, zum Himmel emporschweben, mit dem Großen oder Kleinen Wagen über die Milchstraße zum Mars sausen. Du baust Dir Luftschlösser und bist ein König, der über alles herrscht. Du kannst Dir ein Schiff kaufen und als Kapitän oder gar Seeräuber über die Weltmeere segeln.

Und Du wirst Dich freuen, wenn Du Trolli und seine kleinen Freunde mitnimmst. Sie werden Dich stets wieder gut in die Heimat zurückbringen, und es wird Dir bestimmt bald wieder so gut gehen, daß Du mit Deinen Freunden draußen spielen kannst.

Ja, so ein Zauber- oder Wundertaler ist gut, aber denke daran:
Die Worte SCHWARZ, WEISS, JA und NEIN sind verboten!

Von Steinbrüchen und Grauwacken

Unsere Steinbrüche sind viel älter als die Alpen. Trolli kennt sich gut aus. Er wohnte lange in Wildbergerhütte und fand ab und zu kleine Silberreste tief in der Erde. Silber ist in der Tiefe verborgen. Früher wurden Schächte ausgehoben und viel Silber gefördert. Auch verschiedene Erze fanden die Bergarbeiter.

Doch es gibt im Bergischen auch noch andere Schätze. Man nennt einen Stein „Das Gold unserer Berge", das ist die Grauwacke[5]. Pflastersteine, Steinplatten, Mauern, Einfassungen und auch richtige Kunstwerke von Steinmetzen gibt es überall hier aus Grauwacke. Du hast sie sicher schon entdeckt. Der Stein kommt aus den Steinbrüchen, hörst Du es: „Aus den Steinen gebrochen".

Viele Jahrhunderte gab und auch heute noch gibt es bei uns Steinbrüche, wie z. B. in Lindlar, Kotthausen, Müllenbach, Gummersbach-Becke und an anderen Orten. Aber paß auf, daß Du in alten, stillgelegten Steinbrüchen nicht ins Wasser fällst. Das kann eiskalt, tief und tödlich sein.

[5] *Gesteinsart*

Such Dir selbst Steine, und versuche, Steine mit „Einschlüssen" oder „Abdrücken" zu entdecken. Du wirst staunen, was Dir Steine berichten, wenn Du genau aufpaßt.

Trolli weiß, da sprechen die Fachleute von Fossilien und Ammoniten. Und er sagt Dir: Vor unendlich langer Zeit war hier alles unter Wasser. Glaubst Du nicht? Ja, wie kommen denn wohl sonst in den Stein Seelilien und Muscheln und solche versteinerten Abdrücke von Lebewesen aus dem Wasser?

Die Geologen können an den Steinen ablesen, was damals geschah. Wie lange alles her ist. Toll, was? Trolli und seine Freunde holen sich immer wieder Bücher von ihren Freunden. Sie sind neugierig und wollen wissen, was etwa vor Millionen Jahren im Bergischen Land geschah.

Eines wissen sie: „Euch Menschen gab es damals hier ganz bestimmt noch nicht. Und alles was hier wuchs, sah völlig anders aus als heute, und es gab andere Tiere hier. Mehr verraten wir Euch nicht, Ihr könnt doch lesen. Nur eines verrate ich doch: Die Berge in den Alpen sind viel, viel jünger als unsere Grauwackesteine."

Deborah mit der Schlange verrät kichernd: „Früher hieß das Bergische Land Haferspanien. Die armen Bauern zogen auf ihren kleinen Feldern Hafer. Der war Futter für das Vieh; die Körner und auch das Stroh fraßen die mageren Tiere."

„Und die Menschen zerrieben die Haferkörner und kochten sich zusammen mit Wasser daraus einen Brei. Das aßen sie täglich. Gab es viel Honig, dann taten sie ein bißchen Honig in den Brei."
„Irgendwann fingen sie an, aus groben Brettern Haferkästen zu bauen, das sind kleine Feldscheunen, in denen sie die Hafergarben für den Winter aufbewahrten. War alles viel Arbeit für wenig Ertrag."

Die Oma seufzte, als sie das hörte, und sie wußte: „Dann kamen die Mäuse und Ratten und fraßen einen großen Teil der Ernte auf.
Die armen Menschen damals im Bergischen Land mußten oft hungern, besonders wenn der Winter lang war. Hafer ist für Menschen und Tiere etwas Gutes. Kennst Du Haferflocken?"

Der Zauberer hatte kopfnickend zugehört. Dann sagte er: „Die Menschen hier konnten sich freuen, als eines Tages ein neues, fremdes Gewächs angepflanzt wurde: Die Kartoffel."

Der Rote Hans rief: „Was, gab es die denn nicht immer schon?"

Der Zauberer schüttelte bedächtig seinen Kopf und erklärte: „Nein, es heißt, die kamen aus Südamerika. Und die Leute hier waren mißtrauisch. Denn sie hatten in eine rohe Kartoffel gebissen und spuckten alles wieder aus. Das war doch nichts Eßbares! Wißt Ihr, die Bergischen Menschen sind Dickköpfe, denen man nicht so leicht etwas Neues beibringen kann."

Trolli lachte, er kannte die Menschen. „Dann befahl der König, daß jeder Bauer auf einem Stück seines Feldes Kartoffeln anpflanzen mußte. Als die Saatkartoffeln ankamen, versuchte eine schlaue Frau, ein paar der braunen Knollen zu kochen. Und siehe da: Die Schale schmeckte zwar nicht so gut, aber das gelbe Innere war lecker. Und so landeten die Saatkartoffeln anstatt in der Erde auf dem Acker allesamt im Kochtopf, und die hungrige Familie war traurig, daß es nicht noch mehr davon gab."

Die Freunde lachten und erfuhren: „Da wurde der König sehr böse, aber er zeigte doch auch Verständnis dafür, daß die Leute so großen Hunger hatten. Ein König muß oft viel Geduld mit seinen Untertanen aufbringen. Es gab neue Pflanzkartoffeln, und diese wurden unter strenger Bewachung in die Erde eingepflanzt. Nun warteten alle gespannt auf die Ernte."

Inzwischen brachte die Oma eine Schüssel gedämpfter Kartoffeln mit Speck und Zwiebeln auf den Tisch.

Während es sich alle gut schmecken ließen, erfuhren sie von Deborah: „Und nun stellt Euch vor: Als im Herbst an den Kartoffelstauden die kleinen runden grünen Bällchen leuchteten, dachten die Bauern, das sei nun die Ernte hier im Bergischen. Diese kleinen Früchte waren wohl völlig anders als die braunen Knollen, aber weil die Menschen hungrig waren, aßen sie die Knöllchen."

„Mensch, die sind doch giftig!", rief der Rote Hans, der sich mit allem recht gut auskannte.

„Natürlich. Viele wurden sehr krank, und ein paar Kinder starben sogar daran. Nun wurde das Volk sehr traurig. Aber der König und seine Soldaten erklärten den Bergischen, wie man mit der Kartoffel umgehen muß. Sie erfuhren: Die grünen runden Bällchen an den Stauden sind sehr giftig. Und auch die grünen Schalen der Knollen darf man nicht essen. Der König befahl den Leuten, gut zuzuhören und sich alles zu merken, dann sei die Kartoffel bald ein Segen für die Menschen."

„Und so lernten alle, was man darüber wissen muß, und wie auch für das nächste Jahr immer ein Teil als Saat- oder Pflanzkartoffeln aufbewahrt werden muß."

Die kleinen Freunde zählten auf, was man alles aus Kartoffeln zubereiten kann, und daß diese im kühlen und dunklen Keller aufbewahrt werden müssen.

Sie waren sich einig: Wie gut, daß der König damals so große Geduld bewies. Gäbe es keine Kartoffeln mehr, nicht auszudenken! Überlegt doch selbst einmal, was sich alles aus Kartoffeln zubereiten läßt: Sogar Fritten und Reibekuchen werden aus Kartoffeln gemacht!

Und was hat sich seit damals doch alles geändert. Heute wächst hier bei uns im Bergischen so viel gutes Gemüse und Obst, daß alle satt werden.

In der Kellerwiese

Trolli kroch unter dem dicken Baumstuken, unter dem er lange geschlafen hatte, hervor. Er dachte über seinen Traum nach: Er sah ausgetrocknete Flußbetten in einem heißen Land, und die Menschen dort hatten großen Durst und Hunger, weil es viele Jahre lang nicht geregnet hatte. Sie opferten Tiere und beteten einen Regengott an, er möge sie erlösen. Doch da kam ein großer Sturm auf, der wehte den Sand weit über das ausgetrocknete Land. Und es war alles Wüste, in der niemand überlebte.

Trolli rieb sich seine kleinen Augen und sah um sich. In der Kellerwiese war alles frisch ergrünt, zwischen den Gräsern leuchteten kleine weiße Gänseblümchen wie Sternchen. Drei Rehe ästen friedlich, das frische zarte Gras schmeckte ihnen nach der langen Winterpause besonders gut.

Mit großen Augen blickten sie zu Trolli hin, und legten sich schließlich neben den Troll, der ihr wintergraues, struppiges Fell glattstrich. Bald würde das Winterhaar abfallen und ihr Fell einen rötlichen Schimmer bekommen.

Noch waren die Stangen[6] des Rehbockes dick mit schützendem Bast[7] überzogen, der in den kommenden Wochen abgescheuert werden würde. Trolli freute sich immer, wenn er bei seinen Waldspaziergängen hin und wieder eine oder auch zwei abgeworfene Stangen des Rehbockes fand.

„Wie sonderbar doch die Natur ist: Den Kühen wachsen die Hörner nur einmal, und die Rehe und Hirsche werfen jedes Jahr ihr Gehörn und ihr Geweih ab, und die Stangen wachsen jedes Jahr im Winter wieder neu nach. Komisch. Aber es hat ein Gutes, weil sie jedes Jahr stärker werden, und im Alter wieder schwächer. So kann der Jäger und der Förster erkennen, wie alt der Bock ist."

Trolli kraulte den Rehen das Fell. Da hörte er ein leises Flüstern.
Das war die Quelle, die ihm zuraunte: „Mein Wasser ist nun versiegt. Erst wenn wieder ein großer Regen kommt, kann ich erneut sprudeln. Die Menschen nannten mich früher Tagspringer, weil ich oft nur einen Tag springen und Wasser spenden konnte. Den Namen weiß heute fast niemand mehr. Heute drehen die Menschen den Wasserhahn auf, und das Wasser läuft so selbstverständlich. Und die Menschen verschwenden sehr viel Wasser, weil sie nicht mehr wissen, wie kostbar das Wasser ist."

Da erzählte Trolli der Quelle seinen Traum von dem fernen heißen Land, in dem Menschen und Tiere starben, weil es nie mehr regnete. Auch die Rehe hörten aufmerksam zu und schüttelten sich vor Ergriffenheit. Die Ricke[8] meinte nachdenklich: „Da wollen wir gar nicht mehr klagen, daß wir im Winter hungern mußten. Das ist ja immer nur für kurze Zeit. Schaut, wie schön es hier ringsum schon wieder wächst. Und Wasser gibt es hier immer."

Das einjährige Kitz[9] knuffte seine Eltern und sprang bald in lustigen Sprüngen fort. Es wollte seine Freunde suchen.

[6] *Gehörn*
[7] *Haut am Geweih*
[8] *weibliches Reh*
[9] *Rehjunges*

Trolli erinnerte sich daran, was die Oma einmal erzählte: Bevor die Talsperren erbaut wurden, gab es fast jedes Jahr im Tal der Wipper schlimme Hochwasserzeiten, und die entstandenen Schäden konnten arg sein.

Die Oma wohnte mit ihrer Familie in dem alten Bauernhaus in Niederwipper. Dort gab es bei Hochwasser ab und zu auch Wasser im Keller. Die Oma hatte ausführlich davon berichtet, wie rasch dann alles Aufbewahrte an Vorräten gerettet werden mußte, daß nichts verdarb.

In einer Ecke lagen mehrere Reiserbesen, die der Opa im Winter aus dünnen Birkenzweigen herstellte, zusammenband und die für das ganze Jahr zum Kehren gebraucht wurden. Die Oma hatte erklärt, daß diese Naturbesen nicht trocken gelagert werden durften, weil sie sonst zu schnell brüchig wurden.

Nachdem wieder einmal das Hochwasser zurückgegangen war, erfand der Opa etwas Tolles: Er baute aus alten Brettern und Balken Gestelle als Unterbau und darauf kamen die Kisten mit den Kartoffeln und Rüben, das Sauerkrautdüppen[10], der Steintopf mit den sauren Schnibbelbohnen. Dann auch das große hölzerne Faß, in dem in Salzlake zwei Schinken, mehrere Speckseiten und Ohren und Pfötchen lagen, vom Schwein, das kurz vor Weihnachten geschlachtet wurde und Fleisch für das ganze Jahr lieferte. Da war noch das Glas mit den in Kalkbrühe eingelegten Eiern und vor allem all die leckeren Äpfel und Birnen aus dem eigenen Obsthof.

Oma und Opa freuten sich über das gelungene Werk, nun machte das Hochwasser keinen Kummer mehr. Und durch die Akeldruwe[11] floß das Wasser ebenso rasch wieder ab wie es gekommen war. Dieser Keller in dem mehr als 300 Jahre alten Bauernhaus hatte den Vorteil, daß alles dort gelagerte Gut sich sehr lange frisch hielt.

---

[10] *großer brauner Steintopf, in dem die Oma jeden Herbst den Kohl mit Salz einstampfte und der sich dann zu Sauerkraut verwandelte*

[11] *ein von den Vorfahren zwischen den Steinplatten im Keller angelegter unterirdischer Abfluß, der aber unauffindbar blieb*

Auch die alte Kröte Griselda (so nannte sie der französische Feriengast Patrick) überlebte lange in dem Keller und schaute die Oma mit ihren goldbraunen treuen Augen an, wenn sie Kartoffeln holte und die braungraue Unke entdeckt wurde. Im Frühjahr freuten sich die Menschen, wenn die Kröte mit ihrem leisen, hellen „Tüt-Tüt-tüt" den Frühling einläutete. Trolli kannte die Unken und verstand nicht, wieso die meisten Menschen diese Tiere nicht leiden mochten.

Die Oma hatte erzählt, daß das alte Haus um 1700 erbaut worden sei und die alten Balken auf dem großen Speicher noch aus jener Zeit stammten. Irgendwann wurde das alte Haus verkauft und völlig umgestaltet. Heute wohnen Frederike, Sofie und Henriette mit ihren Eltern darin. Und die Oma freut sich, daß das alte Haus wieder sehr lebendig wurde, und auch daß die Mädchen Namen tragen, die es gab, als das alte Haus gebaut wurde.

Klein-Rosa hat Geburtstag

Lena erzählt: Auf einer Wiese pflückte Trolli Blumen, Weißdorn, wilde Rosen und Zittergras und andere Gräser, und noch ein wenig grünes Farnkraut. Da kam der Rote Hans und fragte, was das soll.

„Rosa hat doch heute Geburtstag!" Da suchte auch Hans schöne Blumen und Gräser: Fingerhut und Honiglabkraut und kleine blaue Glockenblümchen. Zusammen gingen sie gratulieren. Jeder hatte ein kleines Geschenk für das Geburtstagskind. Der Räuber brachte ein Körbchen mit Haselnüssen und erklärte: „Die habe ich hier bei uns gepflückt, bevor sie die Eichhörnchen alle sammelten. Es gibt hier soviel Haselnuss-Sträucher, da sollen alle etwas davon haben."

Rosa lud alle zum Nachmittag ein, es gab Kuchen und Kakao und Limonade aus Holunderblüten. Da saßen sie alle zusammen im Garten: Rosa, Trolli, Hans, der Zauberer, Deborah mit der Schlange, Teufel und Räuber. Nur einer fehlte in der Runde.

Da kam der Kaninchenkönig Nicco und atemlos vom raschen Hüpfen überreichte er sein Geschenk: Ein kleines braunes Kuschelkaninchen. Rosa streichelte es begeistert und sagte: „Danke lieber Nicco.
Ein Häschen wünschte ich mir schon lange, auch wenn es ein Kaninchen geworden ist."

Als alle satt waren, überlegten sie, was nun gespielt wird. Ein lustiges Versteckspiel machte Spaß, denn die vielen Bäume und Sträucher sind dafür ideal, ebenfalls für „Räuber und Gendarm". Der Räuber wurde im Geräteschuppen eingesperrt, jedoch bald schon von seinen Freunden befreit.

Dann schlug Lena vor: „Ich weiß ein neues Spiel. Dreht Euch nicht um, der Plumpsack geht um. Wer sich umdreht oder lacht, kriegt den Buckel vollgemacht." Natürlich dauerte das Kreisspiel so lange, bis alle einmal drangekommen sind.

Dann folgte das Spiel „Armer schwarzer Kater". Ein Kind war der Kater, der sich vor ein anderes Kind hinknien muß und bettelt, miaut, Fratzen zieht und alles mögliche macht, um das „angebetene" Kind zum Lachen zu bringen. Doch dieses Kind streicht dem „Kater" über den Kopf und sagt nur „Armer schwarzer Kater", bis es doch endlich lachen muß. Nun ist es selbst der Kater und so geht es weiter in der Runde.

Endlich waren alle müde vom Spielen und baten die Oma, die im Schatten auf der Bank saß, etwas vorzulesen. Rosa holte das Märchenbuch und alle setzten sich im Kreis auf den Rasen und hörten zu.
Das Märchenbuch ist schon mehr als hundert Jahre alt, aber wenn die Oma daraus vorliest, ist es jedes Mal wieder spannend.

Die Kinder erfahren von Märchen und Sagen aus dem Bergischen Land aus alter Zeit. Was sich alles an der Agger, der Sieg, der Wupper, der Dhünn, der Strunde, der Sülz, der Wiehl und den Tälern und Bergen zugetragen hat. Da spielen Zwerge und Riesen, der Teufel und Feen und seltsame Wesen mit, traurige und lustige Geschichten, aber nie langweilige. Und es ist so schön, ab und zu eine Stelle in der Heimat aufzusuchen, wo sich das Geschriebene vor langer Zeit ereignete.

Wer das Buch suchen möchte, es heißt „Bergische Sagen" von Otto Schell und wurde 1897 gedruckt. Natürlich gibt es auch noch viele andere Bücher mit Sagen und Geschichten aus unserer schönen Heimat. Wer gern liest oder beim Vorlesen zuhört, erlebt sie mit, diese Abenteuer. Da möchte man oft gar nicht mehr aufhören.

Vielleicht begegnet Euch eines Tages die *Weiße Frau von Gervershagen* oder der *Graf von Möllenbick*, wer weiß?

In Müllenbach

Trolli lud eines Tages seine Freunde ein, nach Müllenbach ins „Haus der Geschichten" zu kommen. Heimlich begleitet er oft die Gruppe, die dort geführt wird, vieles über vergangene Zeiten und besonders über die Pulverfabrikation und die heimische Grauwacke erfährt.

Da gibt es die verschiedenen Pflastersteine und das Werkzeug, mit dem die Steinkühler[12] im Steinbruch die schwere Arbeit verrichteten. Interessant finden auch die kleinen Freunde den Henkelmann[13], den die Arbeiter so nutzten: Morgens mit Essen gefüllt, und abends mit Steinen. Davon machten sie dann Zuhause ein Pflaster vor dem Haus, das noch heute hält. Die armen Leute hätten sich nie solch teures Pflaster leisten können, das Generationen überlebt hat. Vielleicht wurden auch Pflastersteine gegen Essen oder Kleidung eingetauscht?

Trolli weiß von Müllenbach noch etwas, er sagt: „Kommt mal mit. Hier gibt es einen ganz versteckten Eingang in die Erde, das weiß außer mir niemand. Die Stelle dürft Ihr auch nicht verraten, kommt, seid leise. Kein Mensch darf uns sehen."

[12] *Steinbrucharbeiter*
[13] *Vorratsgefäß für die Mahlzeit am Arbeitsplatz*

Der Rote Hans muß gebückt durch den niedrigen Gang gehen, den Trolli mit einer kleinen Fackel beleuchtet. Da gibt es Kröten, große Spinnen und Käfer und ein riesiges Wespennest. Vorsichtig umgehen sie dicke Wurzelwerke und fragen sich, wo dieser Gang wohl enden wird.

Plötzlich öffnet Trolli mit einem kleinen Schlüssel eine enge, knarrende Tür, und alle sind erstaunt: „Das, das ist doch die Müllenbacher Kirche!"

„Ja, stimmt. Aber wir müssen leise sein. Gleich kommt der…" und plötzlich rasselt es an der großen Kirchentür. Der Küster klettert in den Kirchturm und läutet zum Feierabend. Dann geht er zum Altar und steckt rechts und links daneben in jeweils ein Wandkästchen schwarze Zahlen. Neugierig beobachten die Freunde alles. Als endlich der Küster die Tür wieder von außen verriegelt hat und fortgegangen ist, erklärt Trolli: „Die Zahlen bedeuten alle Lieder, die morgen die Menschen singen, wenn sie zum Gottesdienst herkommen. Ich sitze oft hier irgendwo in der schönen alten Kirche und höre zu."

„Und woher kennst Du den unterirdischen Gang?", will Hans wissen. „Der ist uralt, und die Müllenbacher suchen schon lange danach. Früher stand neben der Kirche das Schloß der Grafen von Möllenbick, die auch die Kirche erbauten. Das war im Jahr 1097. Es wurde darüber einiges geschrieben, auch wie und warum das Schloß eines Tages zerstört wurde. Eine traurige Geschichte ist das alles. Gut, daß die Kirche wenigstens erhalten blieb."

Da sagt der Teufel: „Es gibt noch eine Kirche, die ist genau so alt, aber viel schöner. Und da ist auch ein Bild von mir drin! Hahaaa!"
„Ja, das stimmt, Teufel, Du Oberschlauer, Du meinst die -Bunte Kirche von Lieberhausen-. Die kennen wir alle. Und die wird von Menschen aus der ganzen Welt besichtigt. Auch die Kirche in Wiedenest stammt aus jener Zeit. Aber hier die Müllenbacher war einst genauso bunt. Ihr seht heute nur noch ein paar Reste der Bilder, man nennt sie Freskenmalerei."

Die Oma meint: „Mir gefällt die Kirche so gut, das ist meine Heimatkirche, und in der Heimat ist es immer am schönsten. Aber ich gehe auch gern mit nach Lieberhausen, nach Wiedenest, nach Eckenhagen, nach Wipperfürth und in andere Kirchen. Das ist immer und überall ein besonderes Erlebnis."

Trolli mahnt zum Rückweg durch den engen, dunklen Gang. Auf einmal stößt er sich den Kopf, seitdem hat er auf der Stirn eine kleine Narbe. Später ermahnt er seine Freunde, ja niemandem etwas von dem Abenteuer und dem unterirdischen Gang zu berichten: „Sonst gibt es hier demnächst Völkerwanderungen."

„Das nächste Mal zeige ich Euch den alten Kirchweg ins Dahl", verspricht Trolli und zeigt in Richtung Dahl, „dort steht das älteste Bauernhaus des Oberbergischen, es ist heute ein Heimatmuseum. Das sehen wir uns dann an, aber wenn nicht so viele Besucher dort sind. Das lohnt sich."

Und Trolli bittet: „Wenn einer von Euch den Eingang zu einer Höhle finden sollte, merkt Euch: Man darf nie allein hineingehen. Das ist zu gefährlich. Wenn etwas einstürzt, dann seid Ihr lebendig begraben. Also immer nur zusammen mit anderen."

Am Friedhof vorbei gehen die Freunde bei Mondenschein weiter. Genau über dem Unnenberg steht der Mond. Eben schlägt die Kirchturmuhr zwölfmal. Es ist still, nur eine Eule schreit ihr „Kiwiitt, kiwitt", und Rosa faßt die Hand der Oma. Ihr ist ein wenig unheimlich zumute.

Als sie durch Obernhagen gehen, begegnet ihnen eine dunkle Gestalt, die wimmert und klagt. Der Teufel fragt: „Was hast Du, Frau, warum klagst Du?"

„Oh, weh mir. Ich habe mein Kind im Kuhstall umgebracht. Zur Strafe für diese Frevelthat[14] muß ich seit meinem eigenen Tod jede Nacht umgehen."

[14] *alte Schreibweise für Verbrechen*

Die dunkle Gestalt ist verschwunden, aber die Freunde überlegen, ob man gegen diese Strafe etwas unternehmen könne.

Da sagt die Oma: „Das kann nur der Himmel, vielleicht wird dieser Armen verziehen, wenn jemand für sie betet…" Der Teufel sagt nichts mehr.

Von Hexen und Hexenmeistern

Jonas kam aus der Schule heim und berichtete, daß die Lehrerin aus einem neuen Buch vorgelesen hat. Es handelt von Hexen und Hexenmeistern im Bergischen Land.

„Glaubst Du denn so etwas?", fragte die Mutter und erfuhr: „Die Schriftstellerin wird demnächst bei uns sein und aus ihrem Buch vorlesen. Stellt Euch vor, die hat alte Gerichts- und Prozeßakten einsehen dürfen. Es ist schauerlich, was sie da gefunden hat."

Und selbst in Wipperfürth habe es Hexen gegeben, und in den anderen Städten im Bergischen Land.

„Na, das war aber finsterstes Mittelalter. Gut, daß wir heute leben. Sonst würde ich vielleicht auch eines Tages als Hexe angeklagt", lachte die Mutter.

Der Vater überlegte und sagte dann: „Auch in meiner Heimat wurde von Hexenfolterungen und Verbrennungen berichtet, das ist ein ganz trauriges Kapitel. Und viele der Unterlagen sind auch vernichtet worden."

Als die kleinen Freunde das alles gehört hatten, beschlossen sie, das neue Buch zu lesen.

Der Teufel meinte: „Soweit ich die Sache sehe, sind die Menschen schon sonderbare Geschöpfe. Sie glauben, daß ich durch und durch böse sei, dabei hat mich Gott geschaffen. Und jene armen Geschöpfe, die so jämmerlich verraten und eingesperrt, gefolterten und verbrannten wurden, waren doch die klügsten unter allen."

„Wieso denn das?", wollte der Rote Hans wissen und erfuhr: „Jene Frauen und Männer wußten und konnten mehr als ihre Zeitgenossen, sie konnten heilen, kannten sich mit Tieren, Pflanzen und Heilkräutern aus und wußten so vieles, was die anderen nie bemerkten. Und das ist das Fatale, da wurden die anderen neidisch und mißgünstig und behaupteten, das seien Hexen und Hexenmeister. Schon wenn ein Mensch schwimmen konnte, hieß es, der sei mit dem Teufel im Bund, stellt Euch solchen Blödsinn vor!"

Die Freunde sprachen noch lange über dieses Thema und schlossen mit der Feststellung: „Heute sind die Menschen so gescheit und können und wissen so viel mehr als in alter Zeit. Ob sie wohl auch klüger und besser geworden sind?"

Frühlingsboten

„Was ist das denn? Wer schreit da so komisch?", fragte Lena und sah die Oma fragend an. Eine große Kette Kraniche zog mit heiserem Schrei über das Dorf.

Die Oma erklärte, was es mit den Zugvögeln auf sich hat: „Sie fliegen den Winter über in den warmen Süden, vielleicht nach Afrika. Im Herbst können wir sie beobachten. Wenn sie dann kommen, sagen wir, es würde in drei Tagen Schnee geben. Aber ganz genau stimmt das nicht."

„Ja, und jetzt?"

„Jetzt wissen wir, daß der Winter bald zu Ende ist. Die Kraniche sind die ersten Frühlingsboten am Himmel. Hoffentlich haben sie sich nicht geirrt", sagte die Oma.

Auch Trolli hatte die vielen Zugvögel beobachtet. Er hörte, was sie sich erzählten und erfuhr, bald würden auch weitere Ketten (Gruppen) von Vögeln nachfolgen. Diese erste Kette wollte auf der großen Wiese übernachten, weil viele der großen Vögel stark ermüdet waren von dem weiten Flug. Und es sei noch mehr als eine Tagesreise bis nach Norden. Die Kraniche berieten, wer am nächsten Morgen die Führung übernehmen sollte, die sich zu einer großen EINS formiert hatte.

Trolli fand es jedes Jahr faszinierend, wie klug diese Kraniche sind und sich ohne zu streiten in der Führung abwechseln. Er dachte: „Daran könnten sich die Menschen, die so klug sein wollen, ein Beispiel nehmen. Die ziehen doch auch oft in andere Länder. Wo liegt da eigentlich der Unterschied?"

Sein Nachdenken wurde unterbrochen, er lauschte und hörte die Oma singen:

„Wer wird zuerst wohl im Frühling wach?
Das ist die Weide, die Weide am Bach.
Eh noch geschmolzen das letzte Eis,
trägt sie schon Knospen schön silberweiß."

Die Oma hatte die kleine Lena an der Hand und zeigte auf den Weidenstrauch. Vorsichtig bog sie einen dünnen Zweig herab.

„Siehst Du, das sind die kleinen Weidenkätzchen, die anfangen wach zu werden. Ich mache jetzt ein kleines braunes Mäntelchen ab, da darfst Du das kleine Weidenkätzchen streicheln, aber ganz vorsichtig, damit es nicht abbricht."

Lenas Fingerchen strich behutsam über das silbrigweiße Etwas. „Wie schön, Oma! Bitte laß uns davon ganz viele mit nach Hause nehmen!"

„Einen kleinen Zweig nehmen wir mit und stellen ihn in die Blumenvase. Das wird der Anfang für unseren Osterstrauß. Aber mehr darf man nicht abschneiden. Bald werden die Weidenkätzchen gelb blühen, und das ist dann Futter für die Bienen."

Lena schmollte, aber die Oma sang nochmals das kleine Frühlingslied von den Weidenkätzchen. Gemeinsam gingen sie den Weg zurück und fanden noch Zweige von anderen Sträuchern. Die Oma nannte Lena alle Namen: Zweige von der Erle, der Haselnuß, dem Faulbaum, der Heckenrose und der Hainbuche, Wildkirsche und auch ein kleiner Tannenzweig. Alle trugen kleine Knospen.

Lena bat: „Sing noch mal das Lied von den Kätzchen…", und hörte nun:

„A, B, C, die Katz lief in den Schnee.
Und als sie wieder nach Hause kam,
da hat sie weiße Stiefel an.
A, B, C, die Katz lief in den Schnee."

Lena lachte und rief: „Ich meinte das andere, das neue Lied!" Nun versuchte sie, das Lied der Weidenkätzchen mitzusingen und beide freuten sich.

Zuhause schüttete die Oma Wasser in die große Bodenvase und gemeinsam ordneten sie die Zweige ein.

„Bald wirst Du sehen, wie sich Blättchen und Blüten entwickeln und wachsen. Dann hängen wir den Osterschmuck daran auf. Siehst Du, von jeder Sorte ist etwas dabei. Das hier ist übrigens der rote Holunder."

Trolli in der Schule

Viele Kinder freuten sich an den Geschichten und den Abenteuern, die Trolli und seine Freunde erlebten. Weil Jenny alles geschrieben hatte, wurde sie eingeladen, aus dem Kinderbuch vorzulesen. Natürlich war Jenny darüber sehr froh, auch aus dem Grund, daß sie immer gern zur Schule ging. Ihre alte Schule steht in Müllenbach in der Gemeinde Marienheide.

Trolli durfte zu den Lesungen mitfahren, Yannick, der Eigentümer, erlaubte dies. Auch Jonas war einverstanden, daß sein Roter Hans noch eine Weile bei Jenny blieb. Diese packte nun auch noch ihre kleine Rosa mit in die Tasche.

Um den Kindern zu zeigen, wie einfach die Handpuppen herzustellen sind, nähte sie ein paar neue „Rohlinge". Einen malte sie schon an, und sie zeigte den Schulkindern, wie einfach aus einem Stück Stoff etwas völlig neues wird.

Sie sagte: „Es wird so vieles einfach in die Mülltonne geworfen und Geld für neue Dinge ausgegeben. Eine neue Puppe kann jeder kaufen, dazu braucht man nur Geld. Aber eine Puppe selbst anfertigen macht so viel mehr Spaß. Ihr seht hier, wie aus einem alten Stoffrest plötzlich etwas Lebendiges entsteht."

Dabei hielt sie den Rohling hoch, der aber auch bereits in der ersten Schulklasse, die Jenny besuchte, einen Namen erhielt: „Das ist ein Gespenst!"

„Nein, ein Geist!!" Andere Kinder meinten, es sei ein Schneemann oder ein Engel. Dabei wanderten die Handpuppen oft von Kinderhand zu Kinderhand.

„Kann man die auch kaufen?", wurde mehr als einmal gefragt.
Doch Jennys Antwort lautete überall gleich: „Nein, die gehören meinen Nachbarkindern. Aber ich erkläre Euch deshalb gern, wie einfach diese Puppen zu machen sind. Achtet selbst Zuhause darauf, was so einfach alles weggeworfen wird. Ihr werdet vieles zum Basteln finden, und das kostet Euch nichts.
Und jede Puppe, die Ihr macht, ist ein Unikat, das heißt:
Etwas Einmaliges nur für Euch. Ich kann Euch sagen, das ist richtig spannend zu erleben, wie eine selbstgemachte Puppe entsteht."

Dann las Jenny wieder eine Geschichte aus ihrem Buch vor. Oft brachte sie dabei ihre kleinen Zuhörer zum Lachen.

Und sie sagte immer wieder: „Wenn Ihr Fragen habt, bitte, meldet Euch. Ich werde versuchen, all Eure Fragen zu beantworten. Ihr dürft mir ruhig ein Loch in den Bauch fragen."

Trolli, der Rote Hans und die Rosa staunten, was die Schulkinder alles wissen wollten. Selbst der weiße und der angemalte Rohling schüttelten sich immer wieder und überlegten, was sie wohl gerne würden. In jeder

Schulklasse lief immer die Uhr viel zu schnell.
„Können Sie nicht noch etwas länger bleiben? Bitte, kommen Sie einmal wieder. Wie schade, daß Sie schon gehen müssen." Diese und ähnliche Sätze hörte Jenny häufig.

Eine Schulklasse in Engelskirchen überraschte besonders: Jedes Kind bastelte eine Stockpuppe, es gab Hexen, Zauberer, König und Königin und viele bunte Gestalten. Das ganze Klassenzimmer war ein einziges, wunderschönes Märchenland.

Jenny sagte: „Wenn ich mir was wünschen könnte, möchte ich wieder eine Schülerin sein und hier bei Euch jeden Tag dabei sein."

Und Trolli und seine Freunde wären am liebsten auch in dieser Klasse geblieben. Vor allem, als sie erfuhren, daß die Schüler sogar Geschichten und Märchen geschrieben haben.

Der Rote Hans stellte fest: „Ich höre so oft, daß die Menschen über Kinder klagen, die immer nur Krach machen und nichts lernen wollen. Die Menschen sollten öfters zur Schule kommen und sehen, was man hier alles tun und lernen kann."

Dann las er, was auf einem großen Plakat stand mit der Überschrift Klassenordnung. Auch Rosa meinte: „Was da steht, sollten sich auch die Eltern durchlesen. Besonders gut ist der Punkt, Ordnung halten, und mit dem Sprechen warten, bis man drankommt. Und sich melden und warten, bis man aufgerufen wird. Toll!"

Alle Kinder hörten aufmerksam zu, wenn Jenny vorgelesen hat. Es passierte in einer Schule sogar, daß sie Autogramme schreiben mußte. Dafür erhielt sie einen Schmuckbrief von diesen Schülern als Dankeschön. Jeder Junge, jedes Mädchen hatte seinen Namen aufgeschrieben, und einige fügten gute Wünsche und ein Dankeschön hinzu. Jenny dachte und sagte dies auch dankbar: „Wie gut, daß es Schulen

und Lehrer gibt, die sich liebevoll mit ihren Schulkindern beschäftigen."
Ab und zu berichtete Jenny auch darüber, daß es arme Kinder gibt,
deren Eltern ihnen keine Puppen kaufen können.

„Aber da gibt es zum Beispiel aus Holz oder Lumpen eine selbstgebastelte Puppe oder ein Tier, und darüber sind jene Kinder auch glücklich und lieben dieses selbstgemachte Teil."

Ein Junge meldete sich und erzählte, daß sein Opa ihm etwas geschnitzt hatte.

Ein Mädchen sagte: „Meine Oma hat mir eine Puppe gemacht, das ist meine Lieblingspuppe, die ich mit ins Bett und überall hin mitnehme."
Dazu nickte Trolli verständnisvoll.

Jenny erhielt bald neue Namen: Die Puppenmacherin und Puppenspielerin und eines Tages sogar die Märchenoma. Sie freute sich sehr darüber, daß viele Kinder sie liebten und immer wieder baten, Jenny solle doch wiederkommen.

Gibt es Gott?

Lena und die Oma pflückten Brennesseln in einen Eimer. Lena wußte: Man muß die kleinen Brennesselspitzen fest anfassen, dann tun sie nicht weh. Die Oma hatte ihr das erklärt und auf die winzigen Härchen an den Blattunterseiten gezeigt.

„Die brennen nur dann, wenn Du sie vorsichtig anfaßt." sagte sie und schnitt mit der alten Schere rasch alles ab. „Pass gut auf, daß kein Gras und andere Blätter dazukommen."

Lena freute sich schon auf das Mittagessen, denn sie liebte das grüne Frühjahrsgemüse Brennessel sehr. Die Oma kochte dazu Kartoffelpüree und Rührei. Dabei half Lena in der Küche, dann deckte sie den Tisch. Sie holte auch die Servietten, die mit dem roten und die mit dem gelben Serviettenring. Sie wußte, daß Servietten links neben dem Teller liegen. Vor dem Essen betete die Oma, das mochte Lena gern.

Plötzlich fragte sie: „Wie sieht eigentlich Gott aus?"

„Oh, das weiß ich auch nicht. Ich habe nur gelernt, daß er im Himmel wohnt und alles hört und sieht."

„Kannst Du mit Gott sprechen, Oma?"

„Ja. Immer wenn ich bete, spreche ich mit ihm. So wie vorhin vor unserem Essen, und abends. Und auch oft, wenn am Tag etwas besonders Gutes oder auch Schweres geschieht."

„Wieso?", fragte Lena.

„Nun, für Gutes bedanke ich mich bei Gott, und bei Schwerem bete ich, daß Gott mir helfen und mir Kraft geben möge."

„Hm. Und das hilft?"

„Es geschieht nicht immer das, was ich mir wünsche. Aber wenn ich bete, spüre ich doch, daß es mir besser geht. Weißt Du, Lena, Menschen, die gar nicht beten können, haben es schwerer im Leben."

Nun ließen sich die beiden den Nachtisch schmecken, Quarkcreme mit Erdbeeren aus der Tiefkühltruhe. Lena leckte ihren Löffel ab, rollte die Serviette zusammen, steckte diese in den gelben Ring und fragte: „Oma, beten eigentlich alle Menschen?"

„Oh nein, viele glauben nicht an Gott. Es ist auch nicht leicht, an ihn zu glauben. Viele Menschen glauben nur das, was sie sehen. Darum gibt es so schöne Kirchen, in denen Menschen Gott und den Himmel so malten, wie sie sich das alles vorstellen. Betest Du eigentlich noch vor dem Schlafengehen?"

„Nur, wenn die Mama Zeit hat, mit mir zu beten. Am schönsten ist es, wenn mich der Papa ins Bett bringt. Der liest mir dann immer eine Geschichte aus der Kinderbibel vor."

„Und wenn du ganz allein ins Bett gehst, kannst Du doch auch beten. Es kann das Gebet sein, was ich mit Dir bete, wenn Du hier bei mir schläfst. Aber Du kannst auch genauso gut einfach mit Gott sprechen, so wie mit Deinen Eltern."

„Geht das auch, so wie mit meinem Papa vielleicht?"

„Ja, das geht. Gott hört Dich immer."

„Machst Du das auch so?"

„Ja. Erlebe ich etwas besonders schönes, dann bedanke ich mich bei Gott dafür. Und wenn ich Sorgen habe oder krank bin, dann bete ich zu Gott, daß er mir hilft und mir Kraft schenkt."

„Hilft das denn immer?"

„Ja. Wenn ich bete, habe ich das Gefühl, jetzt geht alles schon ein bißchen leichter."

Lena überlegte ein Weile, dann sagte sie leise: „Oma, du bist lieb." Beide lächelten sich an. „Aber nun räumen wir den Tisch ab und gehen in den Garten."

Als auch die Küche aufgeräumt war, setzte sich Lena auf Omas Schoß und bat: „Liest Du mir noch eine Geschichte vor? Die von dem armen Mädchen und den Sterntalern, die finde ich so schön."

Trolli und der Rote Hans hatten in ihrem Korb alles beobachtet und still zugehört. Ganz zufrieden nickten sie sich zu.

Trolli findet seine Höhle nicht wieder

Eines Tages wollte Trolli seinen Schatz in Wildbergerhütte besuchen. Erinnert Ihr Euch daran? Wie dort früher die Menschen viele Jahrhunderte lang Erz und Silber aus dem Berg holten? Und wie Trolli immer noch ein wenig Silberreste fand und versteckte? Klar doch, Ihr habt ja „Trolli und seine Freunde" gelesen.

Also, Trolli suchte die Stelle, wo er den Eingang zu seiner Höhle so gut versteckt und mit der kleinen Birke bepflanzt hatte. Doch im Lauf der Zeit war die Birke nicht nur riesengroß geworden, sie hatte viele Samen ausgesät, überall im Land wuchsen Birken! Wie sollte er nun die Höhle finden? Der Sturm hatte die alt gewordene erste kleine Birke umgekippt. Sie lag genau auf dem dicken Stein, mit dem Trolli den Höhleneingang zugedeckt hatte. Aber Trolli fand diese Stelle nicht wieder. Er wurde sehr traurig und weinte.

Durch sein superstarkes Fernrohr beobachtete Hans seinen kleinen Bruder und bat den Zauberer, ob er nicht helfen könne. Der Zauber drehte an seinem Zauberstab, er wollte gern helfen, denn auch er liebte den kleinen lieben Trolli.

Da gelangte Trolli in das Simsalabim-Traumland, natürlich nahm er sein Hämmerchen und einen Beutel mit. Er sah einen Schacht, der tief ins Erdreich führte. Und es glitzerte und blitzte an vielen Steinen tief unter der Erde, als Trolli mit der Zauberlaterne leuchtete. Dieses Licht hatte ihm der Zauberer mitgegeben und gesagt: „Du darfst aber mit niemandem darüber sprechen. Merk Dir das!"

So fand Trolli schon viele schöne Steine mit Kristallen, mit Silber und Kupfer. Er wunderte sich oft, wie wenig die meisten Menschen von dem Reichtum tief unter der Erde wußten.

Kupferberger Gold

Eines Tages beobachtete Trolli eine Gruppe Menschen, Erwachsene und Kinder. Er versteckte sich in der Kapuze einer Frau, die mitging.

So hörte er, was der Leiter[15] dieser Gruppe berichtete: „Hier wurde viele Jahrhundertelang das sogenannte Kupferberger Gold tief aus der Erde geholt. Nein, kein echtes Gold, aber Kupfer, ein sehr wertvolles Erz. Die Zeche Danielszug mit ihren Schächten und dem Förderturm gab vielen Menschen Arbeit und damit Brot. Das Kupferberger Kupfer galt als eines der besten in ganz Deutschland. In mehreren Ebenen und Tiefen arbeiteten die Bergleute hier. Viele Kilometer lang bis hin nach Dahl und zur heutigen Silbertalsperre ging es unterirdisch an die Vorkommen. Die Lagerstätte hatte eine Ausdehnung von 2,5 km und wurde bis fast 400 Meter tief aufgeschlossen."

Ein Mann schüttelte ungläubig den Kopf und er hörte: „Der Bergbau hier begann bereits im Jahr 1131, zunächst wurden im Tagebau Kupfererze gewonnen. Dann fand man im Westteil der Lagerstätte reiche Silbererzvorkommen. Bezeichnend ist, daß gegen Ende des Mittelalters die Stadt Wipperfürth Münzprägestätte der Grafen zu Berg wurden."

[15] *Herzlichen Dank an Herrn Randolf Link (Landschaft und Geschichte e.V.", Odenthal), der mir nach der interessanten Führung Unterlagen zur Veröffentlichung zur Verfügung stellte.*

Die wenigen Wipperfürther in der Gruppe fühlten sich gut und erfuhren nun: „Im Lauf der Jahrhunderte waren die Bergleute gezwungen, dem Erz in immer größere Tiefen des Berges zu folgen. Da die Schächte unterhalb der Talsohle nicht mehr auf natürlichem Weg über Stollen entwässert werden konnten, wurde mit großem Aufwand eine mit Wasserkraft betriebene Pumpenanlage installiert. Das zum Antrieb erforderliche Aufschlagwasser wurde in Rinnen und Gräben zu einem steinernen Aquädukt[16] und anschließend auf ein meterhohes Wasserrad geführt. Allein diese Anlage stellt für das Bergische Land eine absolute Rarität dar."

Mucksmäuschenstill war es in dem Zuhörerkreis, der auf dem Bergbauland im Kreis stand.

„Der Bergbaubetrieb durchlief im Laufe der Jahrhunderte Höhen und Tiefen. Eine letzte Blütezeit erlebte die Grube Danielszug ab dem Jahr 1938. Da Kupfer für die Rüstungsindustrie eine entscheidende Rolle spielte, wurde eine moderne Schachtanlage errichtet, alle erforderlichen Maschinen und Betriebseinrichtungen neu angeschafft und nach großen Anstrengungen die Förderung eingeleitet."

„An vielen Stellen wurden die Erze gewonnen, die in der Vergangenheit nicht gewinnbringend verarbeitet werden konnten. Daneben gelangen vielversprechende Neuaufschlüsse. 1944 besaß die Grube eine Belegschaft von 375 Arbeitern, darunter ca. 350 Zwangsarbeiter. Tiefste Bau-Etage war die 360-m-Sohle."

Trolli seufzte leise und betrachtete die Kinder, die stumm mit großen Augen lauschten. Ob sie das wohl alles verstünden? Da würden doch die Eltern und Lehrer zusätzlich noch ein paar Erklärungen abgeben müssen.

„Kurz vor Ende des 2.Weltkrieges wurde die Stromzufuhr der Grube unterbrochen. Das schnell ansteigende Wasser verhinderte die Bergung der

[16] *Wasserleitung*

wertvollen Betriebseinrichtungen, die unter Tage zurück bleiben mußten. Das absehbar endgültige Ende der Grube war gekommen, obwohl die Lagerstätte nicht vollständig abgebaut wurde."

Trolli wußte, mit der Hilfe des Zauberers wird es mir gelingen, auf Spurensuche zu gehen. Doch es würde eine riskante Angelegenheit werden.

„Von den ehemaligen Betriebsanlagen ist so gut wie nichts erhalten geblieben. Der jahrhundertelang betriebene Bergbau hat jedoch an vielen Stellen im Gelände seine deutlichen und umfangreichen Spuren hinterlassen. Diese können unter sachkundiger Führung besucht und erklärt werden. Während der Führung besteht die Möglichkeit, an ausgewählten Stellen selbst nach den farbenprächtigen Kupfermineralien zu suchen."

„Da bin ich wieder mit dabei!" nahm sich Trolli vor.

„Und als die Eisenbahn gebaut wurde, hatten wir hier auf der Strecke Wipperfürth nach Halver in Westfalen natürlich auch einen Bahnhof mit Güter- und Personenverkehr. Drüben steht noch heute das Bahnhofsgebäude. Noch bis in den zweiten Weltkrieg hinein wurde Kupfer gefördert."

„Auch Kriegsgefangene mußten hier unter Tage arbeiten. Es gibt noch heute Stolleneingänge. Aber es ist zu gefährlich, hineinzugehen.", das erzählte ein alter Mann dem Fremden, der aus Köln gekommen war.

Die Gruppe traf sich zu einem abschließenden Gespräch in der nahen Gastwirtschaft.

Die Frau, in deren Kapuze Trolli saß, zuckte zusammen. Sie bat ihren Mann, nachzuschauen, ob etwa ein Tier von einem Baum in ihre Kapuze gefallen sei. Fast wäre Trolli entdeckt worden.

Lustige Ortsnamen

Trolli und seine Freunde wanderten immer wieder durch das Bergische Land und entdeckten ständig Neues. Oft wunderten sie sich über Ortsnamen.

„Da steht ein Schild, nach Rom. Das liegt doch in Italien?", fragte Rosa und erfuhr: „Da hat sich schon manch einer gewundert, dies ist nicht die Hauptstadt von Italien. Wir Oberberger haben selbst ein Rom, es liegt bei Morsbach, ist von dem anderen Rom ganze 1503 km entfernt. Und dort, hier im Oberbergischen, gibt es sogar auch einen Papst. Er nennt sich Seine Scheinheiligkeit Heinrich der III. von Rom."

„Woher kommt der Name wohl?"

„Rosa, das ist eine alte Geschichte. Früher nannte man das Erz auch Room. Und dort gab es auch ein wenig davon, sogar eine Feuerstelle zum Einschmelzen. Ich suche immer noch nach Erz", erklärte Trolli.

Er fuhr fort: „Heute kommen immer wieder Gäste nach Rom, es gibt eine Herberge und sogar einen Hubschrauberlandeplatz, einen Bauernhof und die St. Heinrichs-Kapelle."

„Auch Wochenendhäuser wurden gebaut an diesem berühmten Ort. Wir können ja mal am Heiligen Abend dorthin reisen."

„Warum denn das?", fragte die Schneekönigin.

„Dann spielen abends um 11 Uhr die Weihnachtsbläser. Und die Leute singen alle mit. Stellt Euch vor: Da finden sich dann viele Menschen ein, einmal waren es fast 500!"

„Ist ja interessant. Das also ist unser Rom. Da fahren wir mal hin. Aber wir haben ja auch noch andere Ortsnamen kennengelernt. Hinter der Grenze des Bergischen Landes stand ein Ortsschild: Schabernack, Gemeinde Windeck."

„Aber wir bleiben in der Nähe, Zauberer. Da war doch Abstoß und Apfelbaum und Birnbaum, Husten und Halbhusten."

Der Zauberer lachte und meinte spöttisch: „Ob die wohl immer erkältet waren in Husten?"

„Nein, Husten kommt von Hus, plattdeutsch für Haus. Oder da husten = hausten die Leute", erklärte die Oma.

„Viele Namen haben mit der uralten Besiedelung zu tun, vor allem die, wo hinten ein „hausen" dran hängt. Da hieß zum Beispiel der erste Siedler Stuilo, er gründete den Ort, der heute Stülinghausen heißt. Es gibt Bücher, in denen darüber berichtet wird, wie Ortsnamen entstanden."

Die Freunde lachten und ergänzten: „Da gibt es eine Lustheide, oder Oberholzklau, Ober- und Unterneger, Jäckelchen, Honigessen, Habenichts und Scheideweg. Da gibt es Spitze und Ente. Lustig finde ich Hickstumpf, der Hick ist der Ziegenbock!"

„Ein Ort heißt Kaplansherweg, ob es auch wohl einen Rückweg gibt? Gäbe es noch keine Bücher, würden wir weitersuchen. Aber das können die Menschen ja tun. Die könnten doch mal ein Ratespiel machen: Wer findet die lustigsten Ortsnamen", beendete Trolli das Gespräch.

Aber der Rote Hans sagte: „Es gibt zwei Orte in Deutschland die heißen Sorge und Elend. Da haben sicher früher ganz arme Leute gelebt. Die Menschen sind komisch. Die fliegen in die weite Welt, aber wer kennt schon die eigene Heimat? Wenn die wüßten, was es hier alles zu entdecken und zu besichtigen gibt!"

„Wißt Ihr was, wir werden ab sofort jeden Sonntag einen Ort im Bergischen Land besichtigen. Fangen wir in Schloß Burg an, und dann lesen wir in der Zeitung, wo was los ist. Übrigens, habt Ihr schon gehört, daß Müllenbach anno 2002 als erstes ‚Bücherdorf' in Westdeutschland bekannt geworden ist?"

„Aber Deborah, das weiß doch jeder, der gern liest. Da kann man doch für ganz wenig Geld alle paar Wochen viele gute Bücher kaufen! Da ist immer was los, auch im Haus der Geschichten!"

Da rief Rosa: "Nächste Woche gehe ich ins Lindlarer Freilichtmuseum, da gibt es frischgebackene Waffeln mit Reisbrei. Kommt Ihr alle mit?" Deborah wußte: „Dort wird jetzt auch wieder gutes altes Brot im Steinofen gebacken. Das werden wir uns kaufen. Das hält sich wenigstens und ist so lecker und gesund!"

Und so unternahmen die Freunde jeden Sonntag etwas. An einem Wochenende fand in Nümbrecht und im Schloß Homburg der große mittelalterliche Markt statt. Das war spannend!

Rosa erzählte später: „Der Herold grüßte mich wie eine alte Bekannte. Er rief mir zu: Stellt Euch unter, Gevatterin, bei diesem Regen. Euer Haar rostet und schimmelt schon. Da habe ich geantwortet: Na und? Besser das Haar, denn das Hirn darunter."

Die Freunde lachten. Der Rote Hans berichtete von einem Mann, der habe nach dem Holzschnitzer gefragt.

Er sagte: „Ich habe hier Noahs Pläne für die Arche. Mich deucht[17], die können wir demnächst hier brauchen."

„Ich glaube, der Mann war zum erstenmal in unserem Bergischen Land. Hier regnet es eben etwas mehr als anderswo. Aber so sind wir auch das immergrüne Land. Hier staubt es nicht so leicht wie in den trockenen Gebieten. Hat alles auch seine guten Seiten."

Die Schneekönigin sprach von einem häßlich aussehenden Schelm: „Der sah mich wie ein Verliebter an und sprach: Mich deucht, unsere Wege hätten sich schon einmal gekreuzt, holde Jungfer..., mir will nur nicht einfallen wo."

Und dann rief er: „Was schaut Ihr so griesgrämig drein, Jungfer, und das an einem so herrlichen Tag? Zwickt Euch das Wasser, daß Ihr so eiligen Schrittes vorauseilt?"

Rosa ergänzte: „Und ich rief dem Schelm zu: Was gafft Ihr so? Habt Ihr noch nie ein Weib vorübergehen sehen? Seid Ihr etwa auf Brautschau? Ich muß Euch enttäuschen, dort drüben warten unsere Liebsten. Sie lassen beim Silberschmied ein kostbares Geschmeide[18] für uns anfertigen."

Trolli hatte dem Treiben ein Ende gemacht, in dem er die Sprache der mittelalterlichen Marktleute nachmachte und rief: „Sagt an, Junker, übt Ihr für den Tanz der Marktleut oder sucht Ihr die Stallungen (die Toilette)? Zwicken Euch die Läuse, oder ist es die Kälte, die Euch schüttelt?"

[17] *alte Schreibweise für glauben, ahnen, vermuten*
[18] *Schmuckstück*

Da hatte der Fremde mit seinem Wanderstab gedroht und gerufen: „Schaffet Platz, Ihr lieben Leute… sonst muß ich meine Notdurft hier auf den Gassen verrichten!"

Die Freunde waren sich einig: „Nächstes Jahr gehen wir wieder hin. Wie gut das Brot aus dem Steinofen schmeckte, und der Met[19] war auch lecker."

[19] *gegorener Honigsaft*

Drabenderhöhe und die Siebenbürger Sachsen

Die Siebenbürger Sachsen fanden nach der Flucht aus Rumänien in Drabenderhöhe eine neue Heimat. In ihrer alten Heimat gab es 290 deutsche Ortschaften mit unterschiedlichen Dialekten, so wie bei uns zum Beispiel Bayern und Ostfriesen oder Kölner verschiedene Dialekte, also ihre Muttersprache, sprechen.

Aber wir alle, Oberberger und Siebenbürger, sind Deutsche und haben die gemeinsame „hochdeutsche" Sprache und Schrift. Ob die Bräuche aus alter Zeit vergessen wurden bei den großen Sorgen und Arbeiten um den Neubeginn? Die Siebenbürger sind sehr fleißig.

Trolli und seine Freunde erlebten einmal einen Tag der Heimat dort. Davon sprachen sie noch lange. Rosa und der Schneekönigin hatten am besten die wunderschönen Trachtenkleider gefallen mit den bunten Stickereien darauf.

„Aber die Tracht der Männer war auch gut!" sagte Hans.
„Und was die alles noch für alte Bräuche kennen! Das müssen wir unbedingt Jenny erzählen. Das soll sie aufschreiben."

Und ich schrieb auf, was ich erfuhr: Es gibt eine Legende von einer unglücklich verliebten Köchin, nach der die „Berliner Ballen" entstanden sind.

Eine andere Geschichte erzählt von einem Bäcker: Während eines Krieges wäre ein Berliner Bäcker lieber bei seinen kämpfenden Soldaten als bei der Feldküche geblieben. Aus Wut formte er an der Feldküche anstatt Kuchen aus dem Hefeteig kleine Kanonenkugeln.

Welche der Geschichten mag stimmen?

Tatsache ist eines: Noch heute schmecken die Berliner sehr gut, und gelten als Glücksbringer, zum Beispiel zu Sylvester. Was die Frauen dann alles backen: Berliner, Punschballen, süße Ferkel mit Mandelohren, Brezeln und Geflochtenes. Alles das darf gegessen werden, aber: Bis zum Neujahrsmorgen muß etwas davon auf dem Tisch stehen bleiben! Warum? Dann bringt das neue Jahr viel Gutes und alles im Überfluß, erfahren wir.

Wie war das doch mit den Neujährchen, über die ich berichtet habe? Im Bergischen Land zogen zu Neujahr die Kinder von Tür zu Tür und wünschten ein Prosit Neujahr! Dafür erhielten die munteren Frühaufsteher Hefeteilchen: Geflochtenes und Gedrehtes, runde Sonnenrädchen, Brezeln und Zöpfchen. Natürlich wurden diese von der Hausfrau selbstgebacken, auf der Platte im Backofen. Der Unterschied zu den Siebenbürgern: Deren Gebäck wurde in heißem Fett siedend zubereitet.

Über die Brezel schrieb der Heimatforscher Otto Kaufmann (in seinen Bücher könnt Ihr übrigens vieles erfahren): „Das Wort Brezel bedeutete ursprünglich Gebäck in Gestalt verschlungener Arme." Oder anders formuliert: Verbundenheit, Unendlichkeit und Opfergabe, so wie das auch geflochtene Haarzöpfe symbolisieren.

Und die Glücksschweine mit einem Kleeblatt oder einem kleinen Geldstück kennt Ihr ja alle. Früher wurden die auch aus Marzipan von tüchtigen Hausfrauen selbstgemacht.

Die Kinder in Siebenbürgen lernten früher Gedichte, die sie ihren Paten aufsagten: Wünsche zum guten neuen Jahr.

Zuhause gingen die Kinder in den Obstgarten und riefen: „Freut Euch, ihr Bäume, Neujahr ist gekommen!" Sie schüttelten die Bäume, die zu Sylvester mit Strohseilen umwickelt wurden, damit es eine reiche Ernte geben sollte.

In einem Dorf, es heißt Eibesdorf, stach die Bäuerin ein blankes Messer in einen frischen Brotlaib (was sonst große Sünde wäre und nur zu Sylvester geschah). Die eine Seite des Messers bedeutete die Getreideernte, die andere die Weinlese. Wurde die Schneide auf der Ernteseite rostig, ließ das auf eine gute Ernte schließen.

In den Dörfern des Kokellandes stiegen die Kinder um Mitternacht auf einen Stuhl und sprangen beim letzten Glockenschlag ins neue Jahr hinein.

Die Paten schenkten den Kindern Neujahrsgebäck mit gezahnten Einschnitten als Zeichen der Jahrestage. Es gab Orte in Siebenbürgen, da erschien um Mitternacht eine vermummte Person, rasselte mit den Ketten und ließ sich von den Kindern versprechen, daß sie keine „Sünden" mehr vollbringen wollten. Dafür erhielten nun die Kinder Jahresferkel aus Marzipan.

Ich erhielt als Kind immer einen wiederaufgefüllten Weihnachtsteller, den brachte in der Sylvesternacht das Neujahrsmännchen. Ihr seht, es war ähnlich wie in Siebenbürgen. Einmal muß ich wohl besonders lieb gewesen sein, denn es kam eine kleine Puppe dazu, ein witziges Kerlchen, das ich Neujahrsmännchen nannte.

Wenn heute in unserer Heimat im Bergischen Land vereinzelt ein Sylvesterfeuer leuchtet, dazu erfuhr ich: „Bei uns war es etwas anders. In Siebenbürgen kletterten nachts junge unverheiratete Männer auf Bergspitzen und zündeten Strohgarben an. Diese mußten die ganze Nacht über brennen."

Und die Jungfrauen: „Sie schöpften Wasser aus einem Brunnen, gossen es in einen Becher, schlugen ein Ei hinein und wollten aus der sich bildenden Figur ihren zukünftigen Bräutigam erkennen."

In einem Ort gingen die Mädchen mit der Altmagd und Musikanten zum Mägdetanz in den Dorfsaal. Nur die Mädchen durften dort zum Tanz auffordern. Paare, die heiraten wollten, saßen meist zusammen, denn es sollte nach altem Brauch bis zum Dreikönigstag gefreit werden.

Wollt Ihr mehr wissen? Es gibt Bücher dazu und noch einfacher: Fragt alte Leute, wie das früher so war. Sie können uns aus ihrer Kinder- und Jugendzeit erzählen. Vieles geriet in Vergessenheit, doch es gibt auch Bräuche, die wieder aufleben und Freude bereiten. Ob in Siebenbürgen, in anderen Ländern oder in unserer Bergischen Heimat.

Peter und Trollinchen

Zu uns sind viele Menschen gekommen, die ihre alte Heimat verließen. Manche kamen freiwillig, andere wurden vertrieben. Eines gilt für alle: In einem fremden Land neu anzufangen ist nicht leicht. Stellt Euch vor, Ihr kämet in ein fremdes Land, und auch wenn es Euch dort nicht gefällt: Es gibt kein Zurück.

So kam auch eines Tages Peter zu uns. Und er brachte das kleine Trollinchen mit.

Peter erzählte mir: „Mein Urgroßvater war der russische Zar. Wie, Du weißt nicht, was ein Zar ist? Das war der König oder auch Kaiser von Rußland. Er und seine Familie wurden brutal ermordet. Meine Urgroßmutter kannte niemand, so konnte sie sich verstecken und überlebte. Die kleine Familie wohnte in einer Hütte am Baikalsee. Das ist der tiefste, der älteste und geheimnisvollste See der Welt."

Ich wollte es genau wissen und erfuhr: „Der Baikalsee ist 600 km lang und 1637 Meter tief. Alte Menschen sagen, es sei das Tränenmeer. Alle

Tränen, die Menschen seit Beginn der Schöpfung vergossen haben, seien im Baikalsee gesammelt worden. Noch heute wird von den Besuchern bei abendlichen Schiffstouren nach alter Tradition aus jedem Schnapsglas ein Viertel russischer Wodka in den See gekippt."

Peter erzählte von seiner Familie: „Alle Menschen dort leben vom Fischfang. Sie sind arm, aber sie halten zusammen. Eines Tages mußte meine Mutter mit mir fliehen. Ich war damals noch ein ganz kleines Kind. Auf der Flucht wurde meine Mutter erschossen. Mich schreiendes kleines Bündelchen nahmen die Soldaten mit und brachten mich zu einer Familie in Sibirien. Dort wuchs ich auf."

Ich fragte Peter: „Hast Du später noch etwas von Deiner Familie erfahren?"

„Nein. Aber es wurde ein Brief entdeckt, in dem stand, daß mein Urgroßvater der Zar war. Diesen Brief erhielt ich nach meinem Studium."

„Was, du hast studiert?"

„Ja. Ich war ein guter und fleißiger Schüler, und da durfte ich später studieren. Ich wurde ein Raketenbauer. Da staunst Du, ja. Nun hatte ich eine kleine Rakete entwickelt, mit der man auch über kurze Strecken fliegen kann. Das Besondere daran ist, die fliegt mit Sauerstoff aus der Luft."

„Das ist ja großartig! Da bist Du ja ein reicher Mann geworden."
„Leider nicht. Es kam alles ganz anders. Die Sache, damals noch streng geheim, wurde verraten. Ich wurde entführt. Terroristen nahmen mich mit in ein Ausbildungslager. Sie folterten mich, weil ich meine Konstruktionspläne nicht herausgab. Diese Pläne hatte ich natürlich nur in meinem Kopf."

Peter strich sich ermüdet über seine Stirn. Ich bot ihm eine Tasse Kaffee an, in die er sich drei Stücke Würfelzucker gab. Gedankenverloren rührte er in seiner Tasse. Ich wartete ruhig ab.

Nach einer Pause sprach er weiter: „Es waren furchtbare Monate in einem dunklen und nassen Keller. Frage mich bitte nicht, wie es mir gelang, von dort zu fliehen. Es gab einen Menschen, der mir half, und den will ich nicht verraten. Eines Tages war ich in Deutschland, und auf meiner Flucht lernte ich hier das liebe kleine Trollinchen kennen."

Trollinchen drückte sich an Peter und fragte: „Dürfen wir hier bleiben? Ich bin so müde." Da nahm ich Peter und Trollinchen in meine Arme und streichelte die beiden. „Natürlich bleibt Ihr hier, bei mir ist viel Platz. Und Ihr werdet Freunde finden: Trolli und den roten Hans und noch viele mehr." Da schliefen die beiden Flüchtlinge beruhigt ein.

Am nächsten Tag erfuhr ich: „Trollinchen hatte sich in einer Höhle versteckt. Nahe bei der Höhle gibt es auch ein Schloß. Die Köchin dort hatte Mitleid mit Trollinchen und versorgte es mit Essen und Trinken. Es ist das Schloß Crottorf, ein altes Wasserschloß. Leider war die Besitzerin auf Weltreise, und die Köchin traute sich nicht, uns im Schloß unterzubringen. Wir sollten warten, bis die Frau Gräfin zurückkehre."

Ich sagte: „Das darf die Köchin ja auch nicht. Da muß sie erst die Frau Gräfin fragen. Vielleicht nimmt die Euch wirklich auf, aber auch bei mir seid Ihr liebe Gäste. Und es war richtig, zu mir zu kommen. Hier seid Ihr in guter Gesellschaft. Meine kleinen Freunde, die Ihr ja schon alle kennt, sind auch Euere Freunde."

Trollinchen erinnerte sich: „Das Schloß Crottorf ist ein richtiges Märchenschloß. Und es liegt ganz einsam mitten in den Bergen und Wäldern. Da ist man sicher vor Feinden. Ich wäre gern dort geblieben und hätte für die Frau Gräfin gearbeitet. Ach, wenn ich sie doch wenigstens ein einziges Mal gesehen hätte!"

Ich nahm das kleine Trollinchen auf den Arm und versprach: „Vielleicht können wir eines Tages einmal nach Crottorf fahren und das Schloß besuchen. Ich schreibe einfach einen Brief an die Frau Gräfin und bitte darum, ob wir sie besuchen dürfen. Natürlich müssen wir dann aus Nordrhein-Westfalen raus und über die Grenze nach Rheinland-Pfalz reisen."

Da zuckte Peter zusammen, der aufmerksam zugehört hatte. „Nein, das geht doch nicht, über eine Grenze. Da werde ich wieder verhaftet und entführt. Nein!!!"

Doch ich beruhigte Peter aus Rußland und erklärte ihm, daß solche Grenzen ganz anders sind als die zu fernen Ländern. „Wer weiß, vielleicht nimmt Euch die Gräfin sogar als Dauergäste in ihrem Schloß auf. Dort finden immer die schönen Fingerhut-Tagungen statt. Peter, vielleicht findest Du dort sogar jemanden, dem Du Deine Erfindung vorstellen kannst. Wie war das doch mit der kleinen Rakete?"

Ich lachte ihn an, aber er schüttelte traurig seinen Kopf und sagte leise: „Ich weiß nicht, ob ich das noch zusammenbekomme. Aber versuchen werde ich es. Wißt Ihr was, wenn mir das gelingt, werde ich diesen grünen Mantel endlich wieder ausziehen. Aber bei meiner Flucht hat der mir so gut geholfen, daß ich ihn liebe. In diesem Zeug und dem dicken Bart vermutet doch schließlich kein Mensch einen Raketenforscher und Erbauer."

Hans meinte: „Peter, vorerst bauen wir gemeinsam Luftschlösser, Traumschiffe, Schokoladenkühe, Tor-Garantie-Fußbälle und…" Trolli unterbrach: „Hör auf mit dem Quatsch. Laß uns versuchen, Jenny und ihren Freunden Freude zu bereiten."

Im Winter bei Oma zu Besuch

Wieder wurde es Winter. Die Kinder saßen bei der Oma und hörten das Märchen von der weißen Frau von Gervershagen. Die Oma hatte Pfefferminztee gekocht, dazu nahmen sich die Kinder Löwenzahnhonig.

Frederike wußte: „Ich habe Ulrike geholfen, als sie aus den gelben Blumen den Honig gekocht hat. Dabei haben wir gesungen und erzählt. Das macht Spaß."

Auch beim Plätzchen backen hatten alle Kinder gern geholfen. Und wie es dann später immer schmeckte! Lena wußte: „Bei Jenny geht das so: Abends werden die fertigen Plätzchen im Flur innen vor die Haustür gestellt, und nachts holt sie das Christkind und verwahrt sie bis Weihnachten. Dann wird alles verteilt, damit jeder etwas bekommt."

Lachend sangen die Kinder noch ein paar Lieder, und Jenny spielte dazu Ziehharmonika. In dem großen Korb schliefen Trolli und seine kleinen Freunde. Sie freuten sich über die Winterpause, und doch träumten sie von neuen Geschichten, die sie mit den Kindern erleben würden, demnächst. Und es fiel kaum auf, daß Jenny zwei neue Puppen gemacht hatte: einen neuen Trolli und einen neuen Hans. Jonas und Yannick erhielten die Originale zurück. Der neue Trolli sah genau so aus wie der alte. Aber der Rote Hans hatte sich verändert, doch die Kinder liebten ihn genauso wie seinen Vorgänger.

Eines Tages kehrte der neue Trolli verletzt nach Hause. Er hatte ein Loch im Gesicht. Jenny nahm Nadel und Faden und nähte das Loch einfach zu. Seitdem trägt Trolli stolz eine Narbe zwischen seinen Augen und denkt: „Wenn Ihr wüßtet, welches Abenteuer das gemacht hat, es war ein wunderschönes. Ich verrate es auch nicht!"

Die Oma ging mit den Kindern durch den Schnee spazieren. Natürlich hatten alle ihre warmen Sachen angezogen und die Muffen dabei. Für jedes Kind gab es eine andere Farbe der Wolle, und die Oma strickte gern etwas aus Resten.

In einem Jahr kamen zum Adventsnachmittag genau 16 Nachbarskinder und es gab viel Spaß beim Singen, Erzählen und Theaterspielen mit den Handpuppen. Damals gab es zum Abschied Eulen aus Wolle. Ihr meint, das wäre viel, 16 Eulen zu machen? Nein, als Jenny nachzählte, lagen 26 bunte Eulen in dem großen Korb. Und alle sind sie fortgeflogen, eine einzige behielt Jenny für sich. Die hängt im Wintergarten, als Erinnerung an einen sehr schönen Adventsnachmittag.

Ob es wohl wieder einen gemeinsamen ähnlichen Nachmittag gibt? Ja, wenn die Kinder kommen werden? Jenny freut sich, sie bastelt auch wieder etwas, fast 20 Stück sind schon fertig. Ach so, Ihr wollt wissen, was sie herstellt? Das verrät Jenny nicht. Ihr könnt ja kommen, im Advent. Jenny freut sich immer über lieben Besuch, vor allem wenn das Kinder sind.

Die Schneekönigin und Haus Dahl

Die Schneekönigin lud die kleinen Freunde ins Haus Dahl bei Müllenbach ein.

Sie erklärte: „Dies ist das älteste Bauernhaus weit und breit, auf jeden Fall im Oberbergischen Kreis. Seht Euch die alten Balken und die dicken Wände an, und die kleinen Fenster, und die niedrigen Zimmerdecken. Früher wohnten Menschen und Tiere unter einem Dach, eng zusammen."

„Puh, das stank aber doch sicher schlimm!", rief die kleine Rosa und rümpfte die Nase.

Da meinte der Räuber: „Damals hieß es: besser erstunken als erfroren. Vom Gestank stirbt niemand. Und die Tiere wärmten auch den Raum. Auf dem Ollern[20] lag das trockene Heu und Stroh, auch das isolierte. Und darauf kam dann der dicke Schnee, das war gemütlich."

Rosa schüttelte ihren schwarzen Krauskopf und sagte: „Nein, das waren doch keine guten Zeiten damals."

[20] Speicher

Da erklärte die Oma: „Damals waren fast alle Menschen hier im Bergischen Land arm. Genau wie hier im Haus Dahl gab es in den Bauernhäusern nur eine Feuerstelle. Darüber hing der große Kochtopf, der Kesseltopf, der an einer Kette über der Glut hing und in dem das Essen gekocht wurde. Der Topf ließ sich höher oder tiefer hängen."

„Das Brennholz wurde gesammelt und getrocknet, seht Ihr den Stapel drüben? Auch die Kinder mußten mit dafür sorgen, daß das Brennholz nicht aufging. Jedes Stückchen Holz wurde im Wald aufgehoben. Die Frauen trugen das Anmachholz in ihren Schürzen heim."

Der Rote Hans besah sich den Kesseltopf und fragte: „Gab es damals nur immer Eintopf?" Oma überlegte und antwortete: „Das weiß ich nicht genau. Aber das Essen war bestimmt ganz einfach. So ganz anders als heute. Da wurde nicht rumgemeckert, daß etwas nicht schmeckte. Damals waren die Leute froh, wenn sie satt zu essen hatten. Viele mußten oft hungern, wenn die Ernte nicht gut ausfiel. Gewitter oder lange Regenzeiten oder auch Dürrewochen konnten großen Schaden anrichten."

„Dann konnten sich die Leute doch etwas kaufen!"

„Dafür hatten sie kein Geld. Es gab nur das zu essen, was im Feld und im Garten wuchs. Oft waren die Menschen so arm, wie Ihr Euch das heute nicht vorstellen könnt. Gut, daß wir heute leben."

Die Oma zeigte auf die Fotos an einer Wand und sagte: „Die sehen viel älter aus als sie wirklich waren. Das macht die Kleidung, aber auch das harte Leben. Viele Menschen, vor allem Kinder und Frauen, starben sehr jung."

Trolli und seine Freunde besichtigten das ganze Haus. Nach langer Renovierungszeit war das Haus Dahl nun wieder für Besucher geöffnet. Die Zeitungen und sogar das Fernsehen hatten darüber berichtet.

Hans überlegte: „Wißt Ihr was, nun ist alles hier so fein, da kommen wir öfters und erleben, welche Besucher kommen. Menschen zu beobachten ist doch immer wieder interessant. Eigentlich könnten wir hier auch wohnen, was meint Ihr?"

Der alte Zauberer strich seinen Bart entlang und meinte: „Darüber sollten wir nachdenken und abstimmen. Auf jeden Fall müssen wir uns gut verstecken. Es gibt im Bergischen Land nun schon viele Heimatmuseen, da werden wir ab und zu umziehen. Auch im Freilichtmuseum in Lindlar läßt es sich aushalten."

„Ich möchte gern mal im Schloß Gimborn wohnen, so wie Du, kleine Rosa."

„Ja, es ist schön dort. Aber ich werde bald nach Schloß Burg ziehen. Man muß hin und wieder was Neues kennen lernen."

„Schloß Homburg muß auch gut sein. Dort wird in der Schloßküche wie in alten Zeiten gekocht! Ich denke, wir entwerfen einen Terminplan. Natürlich muß darüber strengstes Stillschweigen herrschen, Freunde. Das Bergischen Land ist wunderschön!"

„Wir könnten uns ja auch mal Eckenhagen ansehen, vor allem den Tierpark. Mit den Affen werden wir uns schon gut verstehen!"

Ob der Plan gelingt? Ich weiß es noch nicht.

Inhaltsverzeichnis

1. Trolli der Bootsmann   4
2. Eine Reise zum Mars?   6
3. Auf dem Unnenberg   11
4. Lena und die Sternschnuppen   19
5. Trolli und Meister Lampe   22
6. Wasser fließt und hat viele Stimmen   25
7. Der Zaubertaler   29
8. Von Steinbrüchen und Grauwacken   31
9. In der Kellerwiese   36
10. Klein-Rosa hat Geburtstag   40
11. In Müllenbach   43
12. Von Hexen und Hexenmeistern   47
13. Frühlingsboten   49
14. Trolli in der Schule   52
15. Gibt es Gott?   56
16. Trolli findet seine Höhle nicht wieder   59
17. Kupferberger Gold   61
18. Lustige Ortsnamen   64
19. Drabenderhöhe und die Siebenbürger Sachsen   69
20. Peter und Trollinchen   73
21. Im Winter bei Oma zu Besuch   77
22. Die Schneekönigin und Haus Dahl   79